Ignacio Katz

CLAVES
JURÍDICAS Y ASISTENCIALES PARA LA CONFORMACIÓN **DE UN SISTEMA FEDERAL INTEGRADO DE**
SALUD

eudeba

Katz, Ignacio Fabio
Claves jurídicas y asistenciales para la conformación de un sistema federal integrado de salud. - 1a ed. - Buenos Aires : Eudeba, 2012.
152 p. ; 14x21 cm.

ISBN 978-950-23-1914-8

1. Derecho.
CDD 340

Eudeba
Universidad de Buenos Aires

1° edición: abril de 2012

Av. Rivadavia 1571/73 (1033) Ciudad de Buenos Aires
Tel: 4383-8025 / Fax: 4383-2202
www.eudeba.com.ar

Diseño de tapa: Alessandrini & Salzman
Composición general: Eudeba

Impreso en Argentina
Hecho el depósito que establece la ley 11.723

ÍNDICE

AGRADECIMIENTOS

> *"Sólo sirven las conquistas científicas sobre la Salud si éstas son accesibles al Pueblo"*
> Ramón Carrillo

Existe una enorme cantidad de personas a las que debo expresar mi agradecimiento por la ayuda que me han prestado en la producción de este escrito. En primer lugar, a mis queridos Maestros, a quienes procuro recompensar con esta tarea que manifiesta lo asimilado. Enfatizo la deuda que tengo con ellos, ya que mi oficio médico es producto de aquellos que a través del aprendizaje me posibilitaron conocimientos, pericia, pero por sobre todo, un método de reflexión.

Valiosos fueron los comentarios y los relevamientos llevados a cabo en las provincias argentinas por sus autoridades sanitarias y equipos técnicos que, sin pudor ni ocultamiento, expresaban las dificultades, deficiencias y carencias que traban su accionar racional, eficiente y equitativo. A ellos, mi reconocimiento por su sinceridad y, por qué no, por su coraje.

Gracias a ese puñado de amigos, cuyo fundamental y constante apoyo hizo impensable la idea de abandonar la esperanza de concretarlo.

Debo mucho al estrecho equipo de trabajo por las innumerables horas (discusiones e intercambios de ideas) compartidas en las distintas etapas de elaboración del texto. En segundo término, a una tríada que integran Laura Cipriano, Horacio López y Marisa Alfiz, quienes, con sus sólidos conocimientos, fueron partícipes en la elaboración de este trabajo.

Estoy en deuda con muchas personas, pero sobre todo con mi familia, a los que en el transcurso de mi vida laboral privé de mi presencia y por lo tanto de una interrelación que no compensa el expresar que el real perjudicado fui yo al privarme de ellos.

Sé bien que no hubiera podido emprender esta tarea si no hubiera vivenciado la condición sanitaria argentina desde una posición preferencial, en el Gabinete del Ministerio de Salud de la Nación. Dicho lugar me posibilitó interactuar en forma cotidiana con los problemas que presentaban los responsables provinciales, como así también la evaluación de las necesidades médicas relevadas desde el Ministerio de Relaciones Exteriores, las que se plasmaban en los informes que oportunamente se elevaron al Programa de las Naciones Unidas para el Desarrollo PNUD. No me refiero a crónicas descriptivas, sino al análisis internacional y prospectivo de la "salud" y su interacción con el contexto y sus estadios de desarrollo en la atención médica de las distintas regiones del país. No presentamos un planteo abstracto, sino una propuesta avalada por años de trayectoria en gestión de política sanitarias. Estamos, más que ante un mapa, ante el reconocimiento de un territorio.

Mucho influyeron, también, referencias comparativas con sistemas de salud de otros países que poseen diferentes situaciones y donde se han adoptado distintas conductas resolutivas. Por lo antedicho puedo afirmar que no nos encontramos ante un eclipse de salud, sino una auténtica fragmentación que sólo podrá **ser revertida** con la construcción de un **Sistema Federal Integrado de Salud**.

Debo agradecer también al doctor Alberto Ricardo Dalla Via, especialista en Derecho Constitucional y autor de un esclarecedor prólogo a la presente edición. Por último, agradezco especialmente a la editorial EUDEBA, por la difusión de este material.

Dr. Ignacio Katz

NOTA INTRODUCTORIA

Aspectos fundamentales de un nuevo sistema sanitario

He escrito esta aproximación al derecho a la salud y al estado de la condición sanitaria argentina, asumiendo mi rol de testigo diferencial dado por mi profesión médica. La mayor pretensión de este texto es poner en plano de debate un tema no oculto pero sí tergiversado por la sucesión de hechos (o síntomas), que terminan confundiendo el diagnóstico esencial: la ausencia de un sistema de salud y el vacío del desertor responsable, el Estado.

Creo que el abordaje del núcleo aquí tratado puede resultar fecundo para enfrentar la actual encrucijada que representa la necesidad de transformar lo existente y configurar un Sistema Federal Integrado de Salud (SFIS). Y de esa encrucijada debemos salir pronto, para dejar los tiempos de parálisis.

La Ley de Creación del Sistema Federal Integrado de Salud (SFIS) tiene como objetivo comenzar a solucionar el panorama de fragmentación sanitaria que sufre el país. La profunda reforma que, en este campo, requiere la Argentina demanda contar con una estructura, integrada en un sistema de salud; una estrategia, que se exprese en un plan nacional; y una cultura de producción y gestión.

Para que esto sea posible, se requiere de una ley que sepa interpretar las opiniones, deseos y sueños de la gran mayoría de los argentinos y argentinas. Sólo así lograremos que el cumplimiento de sus objetivos se constituya en una verdadera política de Estado.

Por lo tanto, hay que plantear la necesidad imperiosa de construir un genuino "Acuerdo Sanitario", entre todos los actores representativos del campo de la salud. Este Acuerdo que proponemos se basa en establecer herramientas idóneas, en las que prevalezcan los mecanismos de control, el monitoreo constante y el ajuste permanente de las políticas. De esta manera, se garantiza la pluralidad de voces, el acceso a la información y la flexibilidad necesaria en toda gestión, para rectificar rumbos. Este Acuerdo, además, debe definir una agenda de salud y delimitar quiénes y en qué marco deben integrarla.

La Constitución Nacional ha plasmado el derecho a la salud como un derecho implícito, comprendido en el texto de su artículo 33. Y es un derecho personalísimo conforme a nuestra doctrina, y también derecho humano, en virtud de los tratados reconocidos e incorporados mediante el artículo 75 inciso 22 de la Carta Magna. Existen también los denominados códigos internacionales, como el Código Sanitario Panamericano y el Reglamento Sanitario Internacional de la Organización Mundial de la Salud, verdaderos tratados o acuerdos internacionales al que adhieren los países y por lo que, como miembros, estos están obligados a aplicar sus normas. Esta ley contribuye, entonces, a comenzar a hacer efectivo ese derecho.

Un Sistema abierto

Cada sujeto tiene derecho a recibir salud conforme a sus particulares necesidades, para lo cual se posibilitarán diversos itinerarios sanitarios y sus consecuentes procesos de evaluación. No hablamos de sistemas paralelos ni de elecciones basadas en un pensamiento binario, sino del desafío a abordar realidades complejas con respuestas diversas.

El Sistema Federal Integrado de Salud deberá entender, entre otras áreas, en: la coordinación general del modelo; el reordenamiento, la planificación, la organización, la programación, la promoción, y la evaluación en materia de salud pública; la planificación, administración y distribución racional de los recursos sanitarios según necesidades sanitarias de la población, niveles de complejidad definidos y áreas territoriales; la actualización y sistematización armónica y coordinada del sistema sanitario público; y la creación de una red sanitaria de utilización pública y de los diferentes niveles con que articule su accionar. Contemplando el carácter voluntario de adhesión e integración que el sistema propone, su implementación será gradual y escalonada. Se trata de un cambio de largo plazo que exigirá continuidad de los esfuerzos y la visión en el tiempo para garantizar la consolidación de resultados esperados.

Organización del Sistema

La puerta de entrada al Sistema Federal Integrado de Salud será la Atención Primaria de la Salud; es el primer nivel de acceso de los ciudadanos y ciudadanas a la asistencia sanitaria y el centro de atención primaria (CAP) es el primer lugar al que se tendrá que ir cuando se tiene un problema de salud o se quiere prevenir.

Las áreas básicas de salud y los equipos de atención primaria formarán parte del primer nivel de acceso al cuidado sanitario. Las áreas básicas de salud serán unidades territoriales elementales a través de las cuales se organizarán los servicios de atención primaria. Cada individuo pertenecerá a un área básica de salud concreta que responderá a su lugar de residencia.

Cada una de estas áreas básicas de salud tendrá asignado un equipo de atención primaria que prestará la atención al CAP. Este equipo será el conjunto de profesionales sanitarios y no sanitarios que dirigirá y desarrollará sus actividades de atención al conjunto de la población de un área básica.

La atención especializada de la salud será el segundo nivel de acceso al sistema, y comprenderá la atención hospitalaria y la atención socio-sanitaria. Y el tercer nivel de atención estará destinado a restaurar la salud y rehabilitar a usuarios referidos por los otros niveles, y comprende todas las acciones y servicios que por su alta complejidad médica y tecnológica son el último nivel de referencia de la red asistencial.

Otro aspecto esencial de la Ley es la elaboración de un "mapa sanitario" nacional. Este incluirá información relativa a: 1) densidad y caracterización de la población; 2) recursos humanos, profesionales y auxiliares; 3) inventario de infraestructura; 4) parque tecnológico y su capacidad operativa; 5) perfil epidemiológico y enfermedades prevalentes; 6) factores ambientales; 7) accesos geográficos; 8) situación de los profesionales de la salud; y 9) todo otro dato que se estime necesario y pertinente.

La organización del Sistema Federal Integrado de Salud se sustentará en criterios de centralización normativa, de planificación y de control a cargo del Consejo Federal de Salud (CO.FE.SA.) y de regionalización para la ejecución, operativa y funcional, articulando los servicios sanitarios integrándolos según programas bajo la instrumentación local de los Consejos Regionales de Salud (CO.RE.SA.).

El Estado, un actor clave

Los servicios de atención sanitaria públicos y privados que se integren al Sistema Federal Integrado de Salud sujetarán su accionar y adecuarán su organización y funcionamiento a los principios de la planificación estratégica central. La integración y la adhesión al SFIS tendrán carácter funcional, sin generar la modificación de la titularidad de las entidades ni su autonomía administrativa.

Otro aspecto esencial que tendrá que cumplir el Estado es acerca de la creación del Fondo Nacional de Alta Complejidad dentro del sistema propuesto. Dicho fondo asegurará la igualdad de acceso de toda la población a las nuevas tecnologías para el tratamiento de las patologías de alta especialización, complejas y costosas, con independencia de la caracterización socioeconómica y la posibilidad de cobertura formal del paciente.

Es aceptado que tanto el estado de salud de la población como las desigualdades en esa materia dependen, en buena parte, de las condiciones socioeconómicas, el trabajo, la educación, el urbanismo, la calidad del medio ambiente, la accesibilidad a los servicios sanitarios y el apoyo social, entre otros. Pero parece olvidarse de una pieza fundamental: una planificación que desarrolle estrategias comunes de abordaje para mejorar la salud de la población, identificando los usuarios con mayor fragilidad y/o dificultad para acceder a las prestaciones del sistema sanitario y las actividades de promoción de la salud. Y que además intervenga para promover estilos de vida saludables y prevenir enfermedades, mejorando la capacidad de la comunidad para ser parte activa en su salud.

El Sistema Federal Integrado de Salud implica un cambio sustancial, una verdadera reingeniería del sistema sanitario argentino y a su vez un real fortalecimiento de las instituciones al diseñar las estrategias para hacer efectivas las políticas de salud. La ley que lo crea es, entonces, una base para la construcción de un nuevo paradigma de atención sanitaria en Argentina, que revierta décadas de atraso y dispersión.

PRÓLOGO

El Sistema Federal Integrado de Salud del Dr. Ignacio Katz

Resulta una coincidencia a resaltar que en tiempos recientes a la aparición del libro que prologamos hayan coincidido varias fechas trascendentes de nuestra historia constitucional. Nos referimos al bicentenario de la Revolución de Mayo, cuando se iniciara el movimiento emancipador que concluye en la Constitución de 1853, al bicentenario del nacimiento de Juan Bautista Alberdi, verdadero inspirador e impulsor de nuestro constitucionalismo y al sesquicentenario de la reforma constitucional de 1860 que significó la unión jurídica definitiva entre Buenos Aires y la Confederación, o entre "Buenos Aires y el País" como señalaba con precisión el título de un libro del recordado académico e historiador Félix Luna.

El Dr. Ignacio Katz es un destacado especialista en el área de salud, tanto por su formación específica como por la experiencia adquirida y desarrollada durante su actuación como funcionario en el ministerio nacional respectivo. Su propuesta de un sistema integrado de salud es el fruto de tal formación y experiencia en un momento en que el debate de las ideas en la Argentina invita a las propuestas de "políticas de Estado", es decir, de aquellas que más allá de las diferentes posiciones políticas o ideológicas, se nutren de un plan estratégico y de una necesaria continuidad en el tiempo, para vislumbrar los frutos de iniciativas basadas en las buenas intenciones de aportar al debate colectivo y crítico en una sociedad democrática.

Como no somos especialistas en la materia, le hemos adelantado al autor que nos excusaremos de toda opinión técnica sobre temas para los que no nos consideramos autorizados, pero que hemos aceptado realizar nuestro aporte desde la perspectiva de la protección de los derechos humanos fundamentales –como es el derecho a la salud– en un país con forma federal de Estado en donde se produce la compleja trama de las competencias legislativas y regulatorias sobre esta materia. Al hacerlo valoramos también la valentía y el patriotismo de la propuesta.

Cuando los constituyentes de 1853 adoptaron para el gobierno de la Nación Argentina la forma representativa, republicana y federal en los términos del artículo primero, estaban siguiendo la "fuente" o el "modelo" de la Constitución de los Estados Unidos, que por entonces era la única federación existente en el mundo. Tanto es así que en los debates de la Asamblea General Constituyente que tuvieron lugar en Santa Fe, uno de los principales redactores del proyecto, José Benjamín Gorostiaga, llegaría a afirmar que nuestra constitución estaba "vaciada" sobre el molde de la Constitución norteamericana. Tal afirmación llevaría a algunos comentaristas de la época, como Sarmiento, a afirmar que ésta era en realidad una "copia" de aquélla, argumento que sería refutado –con razón– por el más grande publicista argentino, Juan Bautista Alberdi, en los duros debates que ambos sostuvieron.

Se trata, en verdad, de dos federalismos diferentes, sin que ello desmerezca el propósito de la Generación del 37, de tomar el modelo de la democracia más avanzada del mundo como instancia superadora de nuestros antagonismos y guerras civiles entre porteños y provincianos, que era mucho más una puja por la defensa de modelos diferentes que una discusión técnica sobre la forma de Estado unitaria o federal. Fue Esteban Echeverría quien mejor expuso la necesidad de encontrar una síntesis al finalizar el "Dogma Socialista" de la Asociación de Mayo con una "ojeada retrospectiva" sobre la situación de las Provincias Unidas del Río de la Plata.

Mientras que el preámbulo de la Constitución de Filadelfia habla de "constituir una unión más perfecta" a partir de Estados que ya eran independientes, que tenían sus propias constituciones soberanas y que estaban agrupados en una Confederación por los llamados "Pactos de Unión Perpetua"; nuestro Preámbulo llama a "constituir la unión nacional" desde provincias que estaban enfrentadas en luchas fratricidas en las que hubo mucho derramamiento de sangre; inclusive, al momento de sancionarse la Constitución, Buenos Aires se encontraba separada de la Confederación. La Constitución estadounidense era muy corta, ya que en su sanción de 1789 tenía sólo siete artículos y carecía de "Hill of rights" o declaración de derechos en tanto que nuestra Constitución Nacional contenía, desde el principio, una muy amplia declaración de derechos y enumeraba de modo específico las competencias de los tres poderes del Estado Federal así como las atribuciones propias de los gobiernos de provincias y las concurrentes con el Estado Nacional.

A modo de resumen podría afirmarse que mientras el federalismo norteamericano fue un movimiento "centrípeto", desde la periferia hacia el centro, de manera tal que los Estados originarios conservaron –efectivamente– las competencias no delegadas en el Estado central, entre las que se encuentra la legislación general o legislación común; en nuestro caso el federalismo fue concebido como una síntesis entre tendencias en pugna para resolver antinomias. La legislación de fondo corresponde al Congreso Nacional en tanto que las provincias han conservado la facultad de dictar la legislación de forma y el poder de policía local en materia de seguridad, salubridad y moralidad pública.

Desde un principio nuestra Constitución contuvo una declaración de derechos en el capítulo único, o primero, del Texto Fundamental, denominado "de las declaraciones, derechos y garantías", de manera que se refleja no solamente el modelo norteamericano, sino también la tradición francesa a partir de la Declaración Francesa de los Derechos del Hombre y del Ciudadano. Los derechos allí declarados se reconocen como anteriores al mismo Estado, concepción que en la actualidad cobra énfasis a partir de la valoración de los denominados "derechos humanos" como una suerte de derechos morales que todos los Estados legítimamente deben cumplir y respetar.

Ha señalado un importante jurista alemán, el profesor Krüger, que así como durante la época de predominio del positivismo y del racionalismo era la ley en sus aspectos procesales y formales la que legitimaba la validez de los derechos, en la actualidad son los derechos en sí mismos –cuando hablamos de derechos fundamentales– los que legitiman la validez de las leyes, produciéndose una suerte de "neo-iusnaturalismo" fundado en la fuerza moral de los derechos humanos, de manera que una determinada legislación resulta o no legítima, conforme respete los derechos humanos.

Aun cuando la recuperación democrática de 1983 puso especial énfasis en suscribir los tratados de derechos humanos, y cuando la reforma constitucional de 1994 los incorporara otorgando a algunos de ellos "jerarquía constitucional", lo cierto es que la protección de los derechos fundamentales ya se encontraba bajo el amparo de la parte dogmática de nuestra Constitución desde el origen mismo de la organización nacional. Que no se hayan respetado en algunos períodos de nuestra historia es cosa bien distinta en la que nada tuvo que ver la Constitución, sino más bien todo lo contrario.

Eso no empaña el empeño puesto por el presidente Raúl Alfonsín en ratificar prontamente los instrumentos internacionales de derechos humanos, entre los que se encuentran los Pactos sobre Derechos Civiles y sobre Derechos Económicos Sociales y Culturales de las Naciones Unidas, así como la Convención Americana de Derechos Humanos Pacto de San José de Costa Rica. Sin duda, esa política constituye un énfasis en la interpretación de los derechos fundamentales en una sociedad democrática, reforzando el aspecto moral de los mismos; pero tampoco desmerece el ideario de libertad, igualdad y fraternidad escrito en las letras de la constitución histórica.

Enseñaba el profesor Germán J. Bidart Campos que la parte dogmática de la Constitución Nacional es un piso mínimo para la protección de los derechos fundamentales o derechos humanos, de modo que las provincias argentinas, en sus respectivas Constituciones dictadas al amparo de los artículos 5, 31 y 121 de la Constitución Federal, pueden ampliar el catálogo con un contenido más garantista pero que en ningún caso podrían disminuir el nivel de protección consagrado en la Ley Suprema.

El derecho a la salud encuentra protección constitucional desde varias vertientes. Durante muchos años la doctrina entendía que los derechos no enumerados en la primera parte de la Constitución (artículos 1 a 35 antes de la reforma) no podían ser considerados como negación de otros derechos no enumerados. Tal doctrina que encuentra su base en el artículo

33 de la Constitución Nacional dio lugar a la categoría de "derechos implícitos" para caracterizar a los que no contaban con un texto expreso, de manera que el derecho a la vida se consideraba un derecho tutelado aunque la Constitución no lo señalaba expresamente. El argumento se utilizó varias veces con relación al derecho de reunión, no enumerado en la Constitución, a diferencia de los derechos de asociarse con fines útiles o de peticionar a las autoridades, que están en el artículo 14.

Al no estar enumerado eran prohibidas las reuniones políticas en épocas de facto señalándose que la parte dogmática estaba vigente (¡!) pero que el derecho no estaba enumerado.

El derecho a la salud era considerado un derecho implícito, aun cuando el artículo 33, que encuentra su fuente en la enmienda IX de la Constitución de los Estados Unidos, encuentra fundamento para reconocer derechos no enumerados al "principio de soberanía del pueblo" y a la "forma republicana de gobierno", con lo que parece más bien referirse a los derechos de participación política que los inherentes a la persona. En este segundo aspecto, el derecho a la salud aparecía encuadrado en los principios de autonomía, no interferencia y dignidad de la persona humana que tienen base en los artículos 19 de la primera parte y 16 de la Constitución, y que para Carlos S. Nino constituirían el fundamento de los demás derechos en una sociedad democrática.

De manera indirecta, el derecho a la salud encuentra también amparo en el artículo 18 referido al debido proceso en materia penal, dado que allí se prohíben los tormentos, azotes y otras penas infamantes, indicándose además que las cárceles deben ser "sanas y limpias", para seguridad y no para castigo de los reos confinados en ellas. En realidad la relación indirecta se verifica en el Código Penal cuando entre los bienes jurídicos tutelados se encuentran los delitos contra la salud pública y, también, los delitos contra la integridad personal, como las lesiones. Y al decir esto nos acercamos a otro concepto que queremos expresar aquí: la salud no es sólo un derecho constitucionalmente protegido que ocupa los primeros órdenes de la jerarquía de los derechos, sino que es también un valor jurídicamente tutelado.

No debemos olvidar tampoco que en el año 1957 se incorporó a nuestra Constitución el artículo 14 bis y un párrafo al actual artículo 75 inciso 12, en donde se recogen principios del constitucionalismo social o de los llamados "derechos de prestación" que se encuentran a cargo del Estado en su función de justicia distributiva; de manera que entre tales obligaciones se encuentra el establecimiento de los beneficios de la seguridad social con carácter de "integral" e "irrenunciable". De ese modo se pasó de una concepción demo-liberal de los derechos a la llamada etapa del Estado benefactor.

Con la reforma constitucional de 1994 se avanzó un paso más, y al tránsito desde los derechos de primera generación (civiles y políticos) a los de segunda generación (económicos, sociales y culturales) se agregó el tránsito hacia los derechos de tercera generación incorporados en el capítulo sobre "nuevos derechos y garantías" (artículos 36 a 43 de la Constitución Nacional), entendiéndose por los mismos a los que no solamente tienen por titulares a los individuos aislados (derecho subjetivo), o a los grupos determinados (interés legítimo), sino a los que integran una comunidad de individuos indeterminados (intereses difusos), a los que el artículo 43 ha concedido una amplia legitimación activa para su invocación y tutela ante los tribunales.

De ese modo, en la parte dogmática el derecho a la salud encuentra amplio amparo en el artículo 41, que consagra el derecho que tiene todo habitante a gozar de un ambiente sano y equilibrado para las generaciones actuales y futuras, enunciado de ese modo con el amplio alcance del derecho sustentable. Es de señalar al respecto, que en el derecho comparado se encuentra el ejemplo de la Constitución italiana de 1947, en la que, debido a la época en que fue sancionada, el derecho al medio ambiente no se encontraba previsto, pero que la doctrina y la jurisprudencia halló protección en los términos del artículo 2 de su Norma Fundamental en tanto se protege allí la salud en todo el territorio italiano.

También el nuevo artículo 42 establece que los consumidores y usuarios de bienes y servicios tienen derecho, en la relación de consumo, a la protección de su salud, seguridad e intereses económicos; a una información adecuada y veraz; a la libertad de elección y a condiciones de trato equitativo y digno.

En la segunda parte, o parte orgánica de la Constitución, también la reforma constitucional de 1994 ha puesto el énfasis sobre el derecho a la salud en distintos incisos incorporados al artículo 75, que se refiere a las competencias del Congreso. Así en el inciso 2 cuando se trata de la distribución de la coparticipación federal entre la Nación, las provincias y la Ciudad de Buenos Aires, se dice que será equitativa, solidaria y que dará prioridad al logro de un grado equivalente de desarrollo y calidad de vida e igualdad de oportunidades en todo el territorio nacional. El inciso 19, por su parte, conocido como la cláusula del nuevo progreso o del progreso económico y social se refiere al objetivo de proveer al "desarrollo humano", concepto que guarda estrecha relación con el significado que sobre el mismo se ha efectuado en el Programa de Naciones Unidas para el Desarrollo.

El inciso 22 del artículo 75 ha incorporado una nómina de instrumentos internacionales sobre derechos humanos con "jerarquía constitucional" entendiéndose que no derogan ningún artículo de la primera parte de la Constitución y que se consideran complementarios de la misma. El derecho a la salud así también resulta incorporado a través de las normas expresas de dichos instrumentos. El inciso 23, por su parte, consagra la igualdad real de oportunidades y establece la obligación de instrumentar "acciones positivas" en caso de grupos postergados como los niños, los ancianos, las mujeres y los discapacitados.

Es del caso señalar que cuando se compara la jurisprudencia europea y la jurisprudencia americana en materia de derechos humanos, específicamente refiriéndonos a las decisiones de la Corte Europea de Estrasburgo y a la Corte Americana de Costa Rica, se nota un déficit en materia de derechos económicos, sociales y culturales, siendo muy ricos y numerosos los precedentes europeos, en tanto que los pronunciamientos de la Corte Americana parecen mayormente centralizados en los casos de restricciones personales y seguridad personal, más propios de la agenda de derechos humanos de la década de los 70 y de los 80. Y si bien puede señalarse que existe un grado de desarrollo diferente en ambos continentes también pueda afirmarse con razón que son mayores las violaciones de derechos de segunda y tercera generación en esta parte del mundo.

No obstante, es interesante señalar que el derecho a la salud no solamente puede ser considerado como un derecho individual o social a proteger por los tribunales, sino como un valor social a la hora del diseño de políticas públicas, cual es la preocupación del erudito autor de este libro. Este aspecto también lo coloca bajo la órbita del derecho constitucional toda vez que una de las características de la Constitución, frente a otros textos jurídicos, es la relativa amplitud o generalidad de los preceptos que le confieren la particularidad de ser una norma de "textura abierta", al tratarse de la norma suprema del ordenamiento de la que surgen los grandes principios que deben guiar al derecho común, de fondo o infraconstitucional. Tal característica es la que hace que la Constitución no solamente contenga normas jurídicas en el sentido lógico-formal, sino también valores y principios a proteger por el ordenamiento.

Ahora bien, los derechos de prestación muchas veces están expresados en principios en lugar de normas y no pocas veces también están expresados como mandatos al legislador, de manera que pertenecen más a la órbita de la justicia distributiva que a la justicia conmutativa, más propia esta última del accionar de los jueces en los casos individuales. El derecho a la salud se ubica en el primero de estos supuestos, de ahí la utilidad de este libro al formular propuestas de políticas sobre la materia.

Es del caso advertir, sin embargo, que un grupo importante de autores ubican al derecho a la salud entre los derechos de subsistencia que justificarían reclamos directos de particulares ante los jueces, y en algunos casos también justificarían un denominado derecho a la protesta social o a la desobediencia al derecho. No participamos de estas últimas concepciones, aunque sí entendemos la necesidad de una protección especial a los derechos de primera necesidad en sociedades con altos niveles de pobreza y desigualdad como la nuestra pero ello debe realizarse a través del desarrollo progresivo y de políticas públicas como aquí se propone.

Seguimos pensando que cuando se somete un conflicto determinado ante los tribunales para reparar una situación de injusticia extrema, los jueces deben necesariamente actuar por aquella idea del profesor Alexy, en cuanto a que la injusticia extrema no es derecho y en cuanto a que el derecho encierra un principio de corrección a favor de una idea de justicia; pero entendemos que el juez nunca puede actuar con prejuicios de ninguna índole ni etiquetar una situación, sino que debe realizar el correspondiente balance de valores y derechos involucrados en el caso individual a resolver. Más allá de esto, se trata de una cuestión de escala y la justicia social no es materia propia de los jueces sino, fundamentalmente de los poderes políticos.

Con el mismo espíritu deben también ser resueltos los conflictos de jurisdicciones territoriales entre la Nación, las provincias y los municipios que este tipo de propuestas pueden involucrar. La mirada debe estar en el horizonte que en este caso es el bien común de los habitantes de nuestro país, o como dice el Preámbulo de nuestra Constitución, buscando "promover el bienestar general" para nosotros, para nuestra posteridad y para todos los hombres (y mujeres) del mundo que quieran habitar el suelo argentino.

Hace tiempo que el constitucionalismo ha también dejado atrás el federalismo de confrontación entre distintas jurisdicciones que llevaron a las guerras fiscales y a lo que Talbot denominó "votar con los pies", lo hemos reemplazado hace años por el federalismo de cooperación entre los distintos niveles con responsabilidad de decisión. Así lo ha pregonado desde hace años el maestro cordobés Pedro J. Frías, verdadero paladín del federalismo cooperativo. La reforma de 1994 también se ha hecho eco de esas posibilidades, incorporando las modalidades que ya se venían practicando a través de leyes marco, leyes convenio y organismos de coordinación.

Celebramos entonces el aporte del Doctor Ignacio Katz para el debate de las políticas públicas del bicentenario sobre un sistema integrado de salud, creemos que vale la pena la lectura de una obra meditada que nos ayuda a reflexionar sobre una problemática medular para el desarrollo de nuestra Nación en los años venideros.

Dr. Alberto Ricardo Dalla Via*

* Profesor Titular Regular de Derecho Constitucional (Facultad de Derecho –UBA). Académico de Número de la Academia Nacional de Ciencias Morales y Políticas. Presidente de la Asociación Argentina de Derecho Constitucional. Presidente de la Asociación Argentina de Derecho Comparado.

Manifiesto sanitario

POR UN NUEVO MARCO SANITARIO ARGENTINO

Ya no queda tiempo para postergaciones, ni para frases altisonantes, ni para presentar planes presuntuosos que en la práctica se convierten en una suerte de parches que demoran la puesta en marcha de las verdaderas transformaciones. Día a día comprobamos cómo aquellos paradigmas que se pretendían intocables, se eclipsan progresivamente y surge con más fuerza que nunca la necesidad de un nuevo modelo social. La salud, ese bien tan preciado, está en el corazón de toda propuesta que se plantee recuperar la dignidad de las personas, acechada durante años por la ineficiencia y el abandono del rol activo del Estado.

Para dejar de ser meros espectadores del ocaso de los viejos modelos debemos construir un futuro racional y socialmente responsable. Es por eso que hablamos de la creación de un Sistema Federal Integrado de Salud. Y este Sistema no debe limitarse a ser un plan para la coyuntura, sino estar en consonancia con el proyecto nacional. Tapar baches no significa tener un modelo de gestión desarrollado, y en materia de salud, prevenir en el presente y planificar los próximos escenarios nos ahorrarán dolores en el futuro.

Abrimos el camino del debate acerca de qué modelo de política sanitaria queremos. Y, por lo tanto, también proponemos comenzar la discusión que plantee qué tipo de país queremos. Necesitamos una integración armónica de las partes que componen el sistema sanitario nacional, bajo una coordinación adecuada, en una red que obedezca a un plan federal y responda con racionalidad y eficacia a lo que le hace falta a la población.

Y para saber qué es lo que precisan todos los que habitan este país, en el campo de la salud, es imprescindible elaborar un mapa sanitario que brinde los datos para forjar políticas públicas sustentables. Tenemos que saber con qué recursos humanos contamos, cuál es el estado de los tomógrafos computados del país, y qué niveles de capacitación tiene el personal de enfermería, entre tantas otras cosas. Del mismo modo, debemos conocer con total crudeza toda la información sobre enfermedades del corazón, HIV, tumores, mal de Chagas y demás patologías.

Sin embargo, nuestro presente nos indica que, en vez de tener una red confiable de atención de la salud, existen sistemas paralelos, sin articulación ni compromiso mutuo. Esta diversificación desperdicia esfuerzos y recursos, y genera que el foco nunca se pueda colocar en el lugar correcto. Como resultado de esta multiplicación de planes, programas y sistemas, el cuidado de la salud está fragmentado en cientos de pedazos.

Esta fragmentación ocasiona que nadie pueda hacerse responsable. Como nadie tiene la responsabilidad última de las acciones, no hay a quien reclamar una solución eficaz a los problemas. El conformismo ante este presente es un verdadero "fracaso sanitario" nacional. La Argentina es un país que obtiene muy pobres resultados en relación a la inversión que realiza en salud.

La escritora mexicana Elena Poniatowska decía que "el colmo de la miseria es la repetición; es decir, hacer siempre las mismas cosas, sin esperanza". De ese "colmo" tenemos que alejarnos. Pero la inmovilidad no es más barata. No cambiar nada es dilapidar dinero. Los tiempos nos apremian, tanto para abandonar la pasividad, como para no continuar con la inercia del fracaso permanente.

Este nuevo Sistema de Salud que se busca desarrollar debe contar con una estructura, tan flexible como sólida; con una estrategia, para saber hacia dónde dirigirse y no desperdiciar recursos en momentos en los que un derroche en un sector puede costarle la vida a una persona. Y un cambio cultural, para que la gestión y la producción relacionada con dicho sistema se rijan con criterios de solidaridad, honestidad y eficiencia.

Es imposible ganar esta partida con un juego solitario. Necesitamos del compromiso de todos los actores involucrados en el sistema sanitario, y que ellos sean protagonistas del cambio. Pero como buscamos el compromiso de todos, también creemos que es justamente el Estado el que más debe asumir su responsabilidad sobre la salud de los argentinos. Apostamos a un Estado ordenador y convocante, y que produzca un debate libre de prejuicios, con el único objetivo de bajar la tasa que más nos debería importar: la tasa de sufrimiento de los argentinos, un indicador poco convencional pero que mide con certeza el impacto en el cuerpo de cada persona, de las políticas en salud, tanto del sector público como privado.

Esta ley no busca ser un resumen de buenas intenciones, que después sean arrojadas al canasto de la historia. Lo que pretende esta norma es servir como herramienta para torcer la desesperanza de tantas personas, que deben padecer en silencio olvidos, carencias y derroches. En tiempos de incertidumbres, podemos asegurar que una cosa seguramente se mantendrá en el futuro como un elemento central del bienestar de la población: su salud.

En nuestro país, las leyes no sancionan situaciones existentes sino que constituyen un programa de acción que debe cumplirse. Para ello, la transformación de las condiciones que permitan garantizar la igualdad en el ejercicio del derecho a la salud debe convertirse en un objetivo central de todos los actores sociales y políticos de la República Argentina.

Hemos pasado el bicentenario del nacimiento de la patria, con fastos y promesas, y lo que ahora surge es el carácter inevitable de un sistema sanitario que busque garantizar ese derecho a la salud, contemplado en la Constitución Nacional.

Como mencionamos, no se trata de colocar "parches o remiendos" sobre la legislación vigente, sino de definir objetivos y metas de mediano y largo plazo, aunque hoy parezcan utopías. Con este objetivo es que el Gobierno Nacional convoca a un debate amplio sobre la nueva Ley de Creación del Sistema Federal Integrado de Salud, cuyo contenido refleje el compromiso de todos por construir una sociedad más justa.

¿Qué tipo de modelo de atención de la salud queremos los argentinos para los próximos años? ¿Cómo nos llegó, en ese sentido, el bicentenario? ¿Qué tuvimos para festejar, y qué para lamentar e inmediatamente corregir? Podemos modelar un sistema más justo, solidario y eficiente, o podemos caer en una pendiente que nos deslice hacia un panorama con más sombras y dolor que lo que hemos conocido hasta ahora.

El futuro no está escrito en tinta indeleble. Ya vimos cómo tantas certezas que se creían intocables se van derrumbando. Que la sociedad adopte uno u otro modelo depende de nuestras decisiones y nuestra voluntad política, no de fatalidades ni de supersticiones.

Cuando hablamos del modelo de salud que queremos, hablamos de una salud permanente, no del simple auxilio ante una emergencia, o del alivio ante un mal incurable. Hablar de salud es hablar del modelo de país que buscamos construir.

Proponemos una verdadera reingeniería del sistema sanitario argentino, que fortalezca a las instituciones, aportándoles capacidad para diseñar y proyectar estrategias y políticas en salud. Y buscamos que el corazón de este sistema sea el ciudadano, reconocido y respetado como tal, y no como mero cliente de un servicio.

Creemos en la gradualidad de la implementación de este sistema, porque sabemos que no hay fórmulas mágicas para fenómenos complejos. Pero sabemos que los pasos deben ser firmes y sin pausa, para no trastabillar y caer de nuevo en las grietas de la decadencia. Este debate debe ser un campo fértil para que surjan ideas superadoras y transformadoras de la realidad sanitaria nacional. Presentamos ahora una nueva herramienta para activar ese cambio. El camino está abierto, y lo que queda es trabajar con la mira puesta en una mejor calidad de vida de todos los habitantes del país.

CONCEPTOS PRIMORDIALES PARA EL DEBATE

CONCEPTOS PRIMORDIALES PARA EL DEBATE

"Los problemas de la medicina como rama del Estado,
no pueden resolverse si la política sanitaria
no está respaldada por una política social.
Del mismo modo que no puede haber una política social
sin una economía organizada en beneficio de la mayoría".
Doctor Ramón Carrillo

Este capítulo se torna primordial, ya que aquí se asientan los cimientos conceptuales imprescindibles para comprender el debate sobre la conformación de un Sistema Federal Integrado de Salud en Argentina.

Detendremos nuestro recorrido en 5 conceptos claves con alto poder explicativo.

- Federalismo
- Autonomización
- Principio de subsidiariedad
- Regionalización
- Acuerdo socio-sanitario

Un sistema necesariamente federal

Es una forma de organización del Estado consagrada en los textos constitucionales con origen en el llamado Pacto Federal.

También hablamos de federalismo cuando diversos grupos de personas libres –con idiomas, religiones, credos o normas culturales diferentes– deciden vivir bajo un marco constitucional mutuamente convenido y esperan cierto grado de **autonomía local e igualdad** en materia de oportunidades económicas y sociales. El poder se comparte en los niveles locales, regionales y el nacional; y los funcionarios elegidos diseñan y administran **políticas de acuerdo con las necesidades locales y regionales.**

El federalismo norteamericano fue un movimiento "centrípeto", desde la periferia hacia el centro, de manera tal que los Estados originarios conservaron –efectivamente– las competencias no delegadas en el Estado central; en nuestro caso el federalismo fue concebido como una síntesis entre tendencias en pugna para resolver antinomias.

De lo que se trata hoy día es de concretar un Sistema Federal Integrado de Salud. Un federalismo bien entendido es aquel en el que las provincias tienen un alto grado de autonomía, pero, al mismo tiempo, también posee una instancia superior a la cual acudir en momentos de crisis.

En una Nación geográficamente grande y económicamente diversa, las disparidades entre regiones en materia de ingresos y bienestar social, pueden ser atendidas por el gobierno nacional mediante políticas que **redistribuyan las rentas sanitarias.**

Para terminar con la fragmentación territorial es imprescindible diseñar un modelo que abarque las especificidades regionales y, que a su vez, permita el trabajo en red entre instituciones de distintas provincias. Esta propuesta de

Sistema Federal Integrado de Salud está pensada para articularse en armonía con las distintas regiones del país, y dar respuestas a los más de 40 millones de habitantes de este suelo.

Autonomización

En la Argentina existen sectores que actúan como si estuvieran emancipados de cualquier responsabilidad y compromiso con el Estado. Se da entonces un proceso de "autonomización" de esos sectores que, amparados en la ineficacia estatal en cuanto a su capacidad de control, actúan como si ninguna obligación los uniese al resto de la sociedad.

Cabe reconocer que estas prácticas de autonomización fueron en frecuentes circunstancias producto de delegaciones inducidas por el mismo Estado. Es decir, fueron las propias autoridades las que dejaron que se desarrollaran conductas que perjudicaban sus propias directivas.

Estas prácticas no sólo se han vuelto disfuncionales para una correcta atención médica, sino que en **ausencia de una planificación estratégica** que se base en **criterios de red**, potencian la fragmentación. Si una planificación estratégica en salud se basa en el supuesto de la organización en red de las distintas partes, pero coordinadas entre sí, queda claro cuánto daño hace que uno de los componentes se salga del sistema y actúe según sus propias conveniencias.

Por último y fundamentalmente, bloquea la requerida **política de Estado** del sector sanitario (ya que ésta se basa en la pauta que conecta).

El principio de subsidiariedad

La subsidiariedad es idealmente o en principio una de las **características del** *federalismo.*

Sabemos que el Estado debe tender al bienestar de la sociedad, en todas sus áreas. Entonces, cuando los particulares, o una instancia intermedia, no cumplen ese objetivo, por el motivo que sea, debe ser el Estado el que lleve adelante la tarea. Esta situación se denomina "principio de subsidiariedad", es decir que las autoridades nacionales, "subsidiariamente", deben "recoger el guante" y solucionar el problema.

Se propone asegurar la integración como Nación y contribuir a fortalecer la identidad y así preservar las singularidades regionales.

Frente a cualquier problemática que afecte a un país, sea dentro del campo sanitario, educativo, cultural, científico o económico, debe regir este principio. Pero más necesaria y perentoria resulta su aplicación en cuestiones relacionadas con la salud. Sabemos de la rapidez con la que se necesitan implementar las medidas para paliar situaciones de emergencia, enfrentar epidemias o prevenir brotes.

Está relacionado con el federalismo, porque implica que el Estado central, sin reemplazar a las autoridades locales, no debe desentenderse de lo que ocurre con las provincias y tiene que fomentar la equidad sanitaria en todo el país, respetando las particularidades de cada región.

Hacia una regionalización sanitaria

Además del principio de subsidiariedad en el que se basa el federalismo, resulta de vital importancia incluir a la regionalización como pauta organizacional esencial para la creación de un Sistema Federal Integrado de Salud.

Si tenemos en cuenta que una región es el espacio territorial cuya población participa por su historia, costumbres, economía, cultura e idiosincrasia en un destino común que propende a su integración y desarrollo, reconocemos en ella la base para la integración de la diversidad. Debemos, pues, procurar que la descentralización no se traduzca en mera autonomización, sino que se encuentre guiada con fines de articulación.

La regionalización fue incluida en la Reforma de la Constitución Nacional de 1994, en el artículo 75 inciso 19 y el artículo 124, a través de la promoción de "políticas diferenciadas que tiendan a equilibrar el desigual desarrollo relativo de provincias y regiones" aunque respetando las particularidades provinciales y locales. Así, se prevé la potestad gubernamental para "crear regiones para el desarrollo económico y social y establecer órganos con facultades para el cumplimiento de sus fines".

En nuestro país, la existencia del CO.RE.SA (Consejo Regional de Salud) como organización ejecutiva orientada georreferencialmente, permite conocer y gestionar las particularidades del perfil epidemiológico y las peculiaridades de los proveedores de servicios de cada territorio específico.

La **integración** de estas especificidades depende de la construcción de un Sistema de Información Único Georreferencial que permita la gestión eficiente de **necesidades y recursos** mediante la **organización en red** de los componentes y la **fusión de fines**. Así también, la **integralidad** de la salud se logra a partir de la interacción de los componentes sanitarios. Se trata de garantizar no sólo la **asequibilidad**, sino también la **accesibilidad** de los recursos para hacer oportuna, adecuada y equitativa la salud para todos, según las características geográficas, sociales y sanitarias propias de cada espacio.

A esta configuración se yuxtaponen otras divisiones políticas, económicas, administrativas y sociales. Toda región es, por ello, un territorio de la complejidad.

Es necesario que la descentralización no se traduzca en mera autonomización, sino que este guiada por principios **subsidiariedad** propios del federalismo.

Acuerdo socio-sanitario

Un acuerdo es por definición una **propuesta instrumental entre partes,** la articulación de una herramienta adecuada para alcanzar un determinado objetivo como es la **construcción de un Sistema Integrado de Salud.**

Es indispensable plantear la necesidad imperiosa de construir un genuino acuerdo sanitario entre todos los actores representativos del campo de la salud. Este acuerdo no debe regirse por las inconsistentes formalidades del "consenso", en tanto este concepto muchas veces encierra una falta de modificaciones del diseño de la estructura nodal de un país, y en la gran mayoría de las ocasiones solamente sirve para licuar contradicciones o conflictos.

Un acuerdo se apoya en herramientas idóneas, en las que prevalecen los mecanismos de control, el monitoreo constante y el ajuste permanente de las políticas. De esta manera, se garantiza la pluralidad de voces, el acceso a la información y la flexibilidad necesaria en toda gestión, para rectificar rumbos. Este acuerdo, además, debe definir una agenda de salud y delimitar quiénes y en qué marco deben integrarla.

Documento para el debate

LEY DE CREACIÓN DEL SISTEMA FEDERAL INTEGRADO DE SALUD

Proyecto de cración del Sistema Federal Integrado de Salud

Convocatoria a un debate amplio y federal

La Argentina necesita un profundo debate que nos permita la creación de un Sistema Federal integrado de Salud ampliamente legitimado por la opinión y la participación del conjunto de la ciudadanía. Somos conscientes de que al convocar al debate sobre el futuro de la salud argentina también estamos poniendo en discusión el modelo de país para las próximas décadas.

Es por ello que consideramos que la futura Ley de Creación del Sistema Federal Integrado de Salud no debe constituirse en una legislación para la coyuntura. Debe interpretar con realismo la situación de la que partimos y delinear con imaginación y creatividad la estrategia sanitaria para la Argentina que queremos: un sistema de salud resultado de la integración armónica de las partes que lo componen, bajo una coordinación adecuada, en una red que obedezca a un plan nacional y responda con racionalidad y eficacia a las necesidades de la población, medidas a partir de la elaboración de un mapa sanitario.

La profunda reforma sanitaria que requiere la Argentina demanda contar con una *estructura*, integrada en un sistema de salud; una *estrategia*, que se exprese en un plan nacional; y una *cultura* de producción y gestión.

Para que esto sea posible, se requiere de una ley que sepa interpretar las opiniones, deseos y sueños de la gran mayoría de los argentinos y argentinas. Sólo así lograremos que el cumplimiento de sus objetivos se constituya en una verdadera política de Estado.

Dada la importancia de construir este acuerdo sanitario, es fundamental que el conjunto de los actores del sistema sanitario juegue un rol protagónico en este debate. Y en esta dirección el Estado tiene un papel fundamental como ordenador y convocante. Pero estamos convencidos de que la salud como un derecho social es una temática que preocupa al conjunto de la comunidad, y por ello hacemos un llamado a todos los argentinos y a las organizaciones que los representan a participar del debate sin prejuicios, con amplitud de perspectiva y con generosidad. Se trata de privilegiar los aspectos en los que ya tenemos coincidencias concertadas y profundizar la discusión a los efectos de encontrar nuevos objetivos comunes que iluminen el camino que nuestro pueblo debe recorrer para dejar definitivamente atrás la crisis sanitaria y construir un futuro de paz, progreso, bienestar e igualdad para todos nuestros conciudadanos.

Necesitamos avanzar desde nuestras perspectivas particulares y sectoriales hacia una síntesis que refleje los núcleos de coincidencias, para que la ley no se limite a una sumatoria de nobles propuestas. La ley debe convertirse en un plan de acción efectivo, en una herramienta fundamental para la transformación sanitaria del país, profundamente incorporado en la conciencia de nuestro pueblo. Tenemos muchas incertidumbres respecto del futuro de la humanidad y de la Argentina, pero también poseemos una certeza fundamental: sea como fuere ese futuro, la salud jugará un papel determinante en su configuración.

Convencidos de ello, estamos seguros de que buena parte del destino del país y de las personas que residen en él depende del compromiso y amplitud con los que encaremos este proceso de discusión.

El objetivo fundamental de este documento consiste en postular los lineamientos y los principales ejes del debate social sobre los contenidos del Sistema Federal Integrado de Salud. El documento está organizado en dos capítulos. En el primero se plantean los principios sobre los cuales debería fundamentarse la nueva ley, y en el segundo se presentan las líneas de trabajo que pueden guiar la futura discusión. Los temas propuestos seguramente serán enriquecidos por los aportes de todos los involucrados en esta amplia convocatoria.

Primera parte

1. Una sociedad más justa se apoya en el ejercicio de una nueva ciudadanía
2. La buena calidad de la salud es un derecho de todos
   - 2.1. Cuando hablamos de calidad

Segunda parte

1. El acceso equitativo y la permanencia en el sistema sanitario
   - 1.1. Hacia una estructura para todo el país
   - 1.2. La universalización de la salud
   - 1.3. El acceso al sistema de salud sin ningún tipo de discriminación
   - 1.4. La oportunidad de la accesibilidad
   - 1.5. El acceso geográfico a los servicios de salud y a la información en materia de salud, de todos los segmentos de la población
2. El Sistema y la gradualidad en su implementación
3. Entrada al Sistema y aspectos de derivación - Modelo de prestación
   - 3.1. Los niveles de atención y la entrada al Sistema
   - 3.2. La derivación dentro del Sistema

4. Mapa sanitario
5. Red sanitaria de utilización pública
6. Organización y dirección del Sistema
   6.1. Organización del Sistema
   6.2. Integración al Sistema
7. Matriz sanitaria
8. Fondo nacional de alta complejidad
9. Certificación de efectores, protocolos de atención y nomenclador único
10. Condiciones dignas de trabajo, de formación y de carrera para los profesionales de la salud
    10.1. Formación inicial y continua: una cuestión estratégica de carácter nacional
    10.2. La concertación para definir condiciones de trabajo y carrera de los profesionales sanitarios
11. La participación ciudadana en el desafío sanitario
    11.1. El sentido de la acción sanitaria y los procesos de concertación democrática
    11.2. La planificación de estrategias de desarrollo sanitario, la evaluación de resultados y el monitoreo de los procesos a través del Sistema Único de Información
    11.3. La promoción de la unidad de sentido de la acción sanitaria, a través de la capacitación de los responsables de la formación de los profesionales de la salud
    11.4. La promoción de espacios que permitan nuevas formas de participación en la toma de decisiones sanitarias

Primera parte

"LA SALUD ES LA BASE DE LA QUE DEPENDE GRAN PARTE DEL BIENESTAR DE LOS PUEBLOS"

Nuestro país viene de celebrar el bicentenario en el marco de un proceso de transformación social, económica, política y cultural. Atravesamos y estamos superando una de las crisis más profundas que hayamos vivido en nuestra historia y nos aprestamos para enfrentar los desafíos que la Argentina debe encarar para construir una sociedad capaz de crecer sostenidamente, de incluir a todos sus habitantes y garantizarles condiciones dignas para el ejercicio de sus *derechos* y el desarrollo de sus posibilidades.

La salud en su concepción integral abarca el bienestar biológico, psicológico, social y espiritual de un individuo y de la sociedad-comunidad. Es decir, la salud, al incorporar varios paradigmas, se expresa en relaciones dinámicas entre componentes inseparables de lo individual (físico, mental y emocional) y de lo colectivo (ecológico, político, económico, cultural y social).

Los procesos vividos en las décadas recientes mostraron que fue posible combinar el crecimiento económico con mayores niveles de desocupación, pobreza y exclusión. En este contexto, la salud se vio disminuida en su capacidad igualadora a partir de políticas que desembocaron en un modelo de país que sometió a la pobreza y la exclusión a grandes sectores de la población. La necesidad de proponer un nuevo

Sistema Federal Integrado de Salud tiene su base, en cambio, en la convicción de que la salud como derecho social es uno de los factores clave para desarrollar estrategias que permitan que el progreso del país esté sustentado en un modelo en el cual el objetivo principal del crecimiento económico sea fortalecer la justicia social.

Construir una sociedad más justa en un contexto de globalización exige volver a definir el papel de la salud en la sociedad. En este contexto, **la salud no puede ser considerada como una política "sectorial" sino como la variable clave de la estrategia de desarrollo nacional**. Dicho en otras palabras, estamos profundamente convencidos de que uno de los desafíos fundamentales para el futuro de la sociedad argentina es el desafío de la salud.

Las tendencias actuales consideran que los derechos sociales no son meramente declarativos, sino que deben ser cumplidos obligatoriamente. En ese sentido, el derecho a la salud encaja perfectamente en esta concepción. Y si se busca construir un nuevo sistema sanitario, el derecho a la salud debe ser asequible, es decir, que el Estado lo haga disponible en la nueva configuración. El derecho a la salud también debe ser accesible, aceptable (en términos de calidad) y adaptable, lo que implica dinamismo para amoldarse a las necesidades sociales.

Sabemos que la salud es uno de los campos donde se prefigura el futuro de los países y el bienestar de las futuras generaciones. Una salud de excelente calidad para toda la población permitirá alcanzar los objetivos de justicia social, crecimiento económico y ciudadanía democrática, que guían una estrategia de desarrollo sustentable.

Los argentinos hemos comenzado a recuperar la idea de un futuro compartido y a reconstruir el imaginario de una Nación más integrada y más justa, que recupere y reafirme los valores que fueron erosionados en décadas pasadas: el trabajo como eje principal de la dignidad de las personas, el reconocimiento y el respeto de la diversidad, la importancia de la solidaridad y el esfuerzo de todos, la integración y la participación social y económica crecientes de nuestro pueblo, y la inclaudicable lucha por mayor igualdad (interpretando la misma como el derecho a la igualdad de oportunidades) y justicia social. También los argentinos estamos recuperando la convicción de que el Estado debe constituirse en la garantía de que estos valores alcancen al conjunto de la sociedad sin exclusiones.

Los problemas de fragmentación y desigualdad económico-social y sanitaria profundizados en la década pasada y comienzos de la presente; el nuevo escenario creado por un proceso de recuperación basado en la toma de conciencia de la importancia de nuestra participación; la necesidad de dar respuestas a los desafíos que surgen de las transformaciones sociales recientes y la voluntad de colocar a los derechos sanitarios en el centro de los objetivos de justicia social consensuados por los argentinos, requieren un nuevo marco normativo general.

La nueva ley debe reafirmar muchos de los fines y principios ya acordados a partir de los debates llevados adelante desde la recuperación de la democracia y avanzar hacia nuevos principios orientadores de la salud pública hacia el futuro. Debe establecer prioridades y estrategias para la resolución de los principales problemas del presente; debe permitir reordenar las funciones, responsabilidades y competencias del Estado en sus diferentes niveles; definir las bases para el desempeño de los diferentes actores del proceso sanitario; y debe garantizar las nuevas formas que adquiere el derecho a la salud en la Argentina actual y futura.

Necesitamos, en síntesis, una nueva Ley de Creación del Sistema Federal Integrado de Salud para la Nación

Argentina de cara al bicentenario, en sintonía con el derecho a la salud establecido en la Constitución Nacional para toda su población.

¿Porqué una ley? Porque no se trata de colocar "parches o remiendos" sobre la legislación vigente, sino de definir objetivos y metas de mediano y largo plazo, aunque hoy parezcan utopías.

La creación e implementación del Sistema Federal Integrado de Salud y las nuevas competencias que se asignan, constitucionalmente requieren el dictado de una ley. Es una reforma que requiere un amplio consenso nacional; y un compromiso de todas las jurisdicciones para la organización futura del sistema.

Con este objetivo es que el Gobierno Nacional convoca a un debate amplio sobre la nueva Ley de Creación del Sistema Federal Integrado de Salud, cuyo contenido refleje el compromiso de todos por construir una sociedad más justa.

1. Una sociedad más justa se apoya en el ejercicio de una nueva ciudadanía

El Sistema Federal Integrado de Salud que discutamos debería ser un sistema que oriente la salud argentina en las primeras décadas del siglo XXI. Desde este punto de vista, es muy importante que esta discusión sirva para que podamos definir hacia dónde queremos ir como sociedad y cuáles deberían ser los pilares sobre los cuales se apoye la construcción del proyecto nacional. La sociedad de la salud puede asumir características más democráticas, más justas y más solidarias que las formas que constituyeron las sociedades del pasado o puede, al contrario, asumir formas de exclusión y de desigualdad más profundas y dolorosas que las conocidas hasta ahora.

Sabemos que éste es quizás el principal desafío del momento. Nos encontramos en una de las regiones más desiguales del planeta y en un país que atravesó por uno de los procesos más regresivos en la distribución del ingreso de su historia. Por ello es necesario un papel activo del Estado para producir importantes transformaciones en esta temática. Un Estado limitado a políticas sociales focalizadas, asistenciales y parciales, no está en condiciones de producir un cambio de tal magnitud.

El futuro no está escrito y que la sociedad adopte uno u otro modelo depende de nuestras decisiones y nuestra voluntad política.

2. La buena calidad de la salud es un derecho de todos

La Constitución Nacional ha plasmado el derecho a la salud como un derecho implícito que se considera comprendido en el texto de su artículo 33, derecho personalísimo conforme nuestra doctrina, y humano, en virtud de los tratados reconocidos e incorporados mediante el artículo 75 inciso 22 de la Carta Magna. Existen también los denominados códigos internacionales, normativa supranacional, como el Código Sanitario Panamericano y el Reglamento Sanitario Internacional de la Organización Mundial de la Salud, verdaderos tratados o acuerdos internacionales al que adhieren los países, y como miembros se obligan a aplicar sus normas.

En este marco, le corresponde al Estado la responsabilidad principal e indelegable de fijar y controlar el cumplimiento de la política sanitaria nacional, tendiente a que todos los residentes del país puedan ejercer su derecho a la salud, mediante la igualdad de oportunidades y posibilidades, sin discriminación de ninguna índole y a conformar una sociedad argentina justa y autónoma, a la vez que integrada a las diferentes regiones de nuestro país y al mundo. Las provincias y la Ciudad Autónoma de Buenos Aires deben concurrir con esta responsabilidad del Estado Nacional, con el propósito de garantizar el acceso a la salud a toda la población, mediante la creación, sostenimiento, autorización y supervisión de los servicios necesarios, con la participación de la familia, la comunidad y las organizaciones responsables de unidades sanitarias reconocidas o autorizadas de gestión privada.

A pesar de la expresa claridad de las normas, es casi una constante de nuestra historia contemporánea la considerable distancia entre el "deber ser" y la realidad de su aplicación. El cuadro actual del sistema sanitario argentino no escapa mucho de esta situación y presenta preocupantes desigualdades de distinta índole, que afectan de lleno el ejercicio del derecho a la salud. Gran parte de lo dispuesto en el marco normativo y de valores de la legislación nacional, si bien compartido por toda la sociedad argentina, debe convertirse aún en una realidad. En nuestro país, **las leyes no sancionan situaciones existentes sino que constituyen un programa de acción que debe cumplirse.** Para ello, la transformación de las condiciones que permitan garantizar la igualdad en el ejercicio del derecho a la salud debe convertirse en un objetivo central de todos los actores sociales y políticos de la República. Sólo sobre la base de este consenso fundamental podrá edificarse una verdadera política de Estado previsible y sustentable, que coloque a la justicia social como una verdadera prioridad de la agenda pública nacional.

La salud es una de las áreas más sensibles a través de las cuales una sociedad se orienta hacia el futuro. Frente al desafío de construir una sociedad más justa, es indispensable una política nacional de salud que posibilite el acceso al servicio integral de salud, de forma equitativa, oportuna y adecuada a las necesidades para todos los residentes en el país. El derecho de todos a la salud:

- Una salud permanente, a lo largo de toda la vida.
- Una salud que sea abordada desde el punto de vista de la *integralidad* de las personas, y consecuentemente que brinde posibilidades de participar en la gestión y acción sanitaria a la comunidad y al conjunto de actores del sistema, debido a que los determinantes de los problemas de salud son, a menudo, de tipo multifactorial, lo que da lugar a situaciones complejas que requieren de intervenciones multidisciplinarias en su abordaje.
- Una salud de *calidad*, lo cual implica que los usuarios de los servicios reciban asistencia oportuna, eficaz y segura (calidad técnica) en condiciones materiales y éticas adecuadas (calidad percibida), es decir, una atención que se ajuste a las normas técnicas establecidas y que satisfaga las necesidades y expectativas del usuario.
- Una salud *humanizada* que se materialice en el acceso real de la población a una atención de salud que responda a sus necesidades y resulte en el mejoramiento de su calidad de vida, medible en la población nacional a través de indicadores objetivos.
- Una salud que valore el *pluralismo*, la diferencia y la diversidad cultural, sin dar lugar a ningún tipo de discriminación por etnia, religión, origen, género, edad, discapacidad.
- Una salud enmarcada en un sistema *integrado* y *racional*, cuyas características deben ser solidaridad, flexibilidad, calidad, continuidad, eficacia, eficiencia y sustentabilidad.
- Una salud que cuente con *infraestructuras* apropiadas, el *equipamiento* y los *recursos* necesarios.
- Una salud llevada a cabo por profesionales de la medicina con una *formación* sólida, relevante, actualizada; que ejerzan su tarea en condiciones dignas y que cuenten con el adecuado reconocimiento material y simbólico.

- Una salud que posibilite desarrollar el conjunto de potencialidades de cada argentino y cada argentina generando las condiciones para una verdadera *igualdad de oportunidades.*

El compromiso y la responsabilidad que hoy asumimos arraigan en la profunda convicción de que el componente salud es imprescindible para construir condiciones de igualdad. Frente a esta tarea, es indispensable la participación de los diferentes actores.

2.1. Cuando hablamos de calidad

Brindar una salud de buena calidad para todos es el objetivo fundamental de la política sanitaria que debe promover el futuro Sistema Federal Integrado de Salud. Pero el logro de este objetivo no puede estar desvinculado de la igualdad y la justicia. Tener una salud de buena calidad para pocos o una salud de mala calidad para todos son objetivos ética y políticamente inaceptables.

La crisis social y económica inédita ocurrida en nuestro país en los últimos años y el impacto que produjo sobre el capital biológico, debilitó las posibilidades de respuesta del sistema sanitario a las necesidades que planteaba la realidad. En esta perspectiva, será muy significativo lograr que gradualmente exista un acceso real e igualitario al sistema.

Calidad e igualdad

La igualdad a la que aspiramos no es la imposición de un mismo modelo a todos, ni tampoco es bajar el nivel y renunciar a la excelencia. Sabemos que para lograr estados de salud homogéneos y equivalentes, debemos promover procesos sanitarios diferentes, asignar más recursos a los que tienen menos y respetar las diferencias genuinas y legítimas. Los recursos asignados por cada jurisdicción deben estar basados en criterios de distribución claros, precisos, que contemplen las desigualdades sociales y sanitarias de las jurisdicciones.

Ligado a la definición de necesidades y su correcta asignación viene el concepto del logro de resultados para una población de un territorio determinado, con prescindencia de qué subsector sanitario atiende a la misma.

En este sentido, es necesario identificar aquellos aspectos que definen una buena salud, para poder promover su mejoramiento continuo. En principio, una buena salud es aquella que siempre considera a cada persona sujeto de derecho.

Pero cualquier aspecto que defina una buena salud debe tener un nivel básico de homogeneidad nacional. El Estado debe, desde este punto de vista, garantizar las condiciones materiales y culturales para que sea posible que todos los residentes de nuestro país alcancen estados de salud de buena calidad, independientemente de su origen social, de su radicación geográfica, de su género o de su identidad cultural.

Garantizar buena calidad implica educación médica continua

Por otro lado, sabemos que dar respuesta a la realidad sanitaria provoca la necesidad de cambios continuos implicando una velocidad de renovación de conocimientos muy intensa. Desde este punto de vista, la legislación sanitaria debería introducir la posibilidad y la necesidad de mejoras e innovaciones continuas y progresivas destinadas a elevar cada vez más el nivel de salud de los ciudadanos. La nueva Ley de Creación del Sistema Federal Integrado de Salud podría crear un mecanismo permanente de actualización sanitaria, en el cual participen diferentes actores de la sociedad que puedan contribuir a definir cuáles son las necesidades sanitarias que deben satisfacer las ofertas profesionales.

La salud de buena calidad es integral

La calidad sanitaria debe abarcar la integralidad del sujeto. El residente es el sujeto y la centralidad del modelo de salud que se implementará a través del Sistema Federal Integrado de Salud, promueve y protege la salud de forma integral, adecuando las diferentes necesidades y realidades territoriales y organizativas del país.

Segunda parte

"Los ejes del debate y las líneas de acción"

1. El acceso equitativo y la permanencia en el sistema sanitario

La primera condición para el ejercicio del derecho a una salud de buena calidad es que todos tengan garantías de igualdad en las condiciones para el acceso y la permanencia en el sistema sanitario. Para lograr este objetivo deberíamos actuar en, al menos, cinco dimensiones principales: la definición de la estructura del sistema sanitario; la universalización de la salud; el acceso al sistema de salud sin ningún tipo de discriminación; la oportunidad de la accesibilidad; el acceso geográfico a los servicios de salud y a la información en materia de salud de todos los segmentos de la población.

1.1. Hacia una estructura del sistema sanitario nacional

El acceso y la permanencia no se producen en instituciones sanitarias aisladas sino en un sistema que debe ser coherente y homogéneo. En este sentido, debemos reconocer que uno de los fenómenos más graves que caracteriza la actual situación sanitaria es la significativa fragmentación que existe en la estructura organizativa del sistema.

Más allá de un análisis histórico sobre el proceso que llevó a este resultado, lo cierto es que un grado tan alto de diversificación en la estructura del sistema actual provoca graves problemas para la movilidad de los usuarios, para garantizar una salud equitativa, para el desempeño de los profesionales de la salud, etc. En este sentido es importante destacar los efectos negativos que tiene en la actividad sanitaria la autonomización de grupos de profesionales y sectores que operan en el mercado de la salud, porque se desligan de cualquier compromiso y obligación hacia el Estado, pretendiendo fijar ellos mismos sus políticas y lineamientos, aunque éstos se divorcien de las necesidades y responsabilidades sociales.

Para evitar este tipo de lógica perversa, donde algunos sectores se alejan de cualquier coordinación, la estructura del sistema debe responder a objetivos y criterios que tengan en cuenta la planificación como estrategia situacional que eslabona prioridades; esta planificación debe evaluar qué genera las necesidades sanitarias, orientarse a la reducción de los problemas y a la disminución de los factores de riesgo y su impacto en las actividades no sanitarias. Además, el sistema debe llevar a cabo una planificación estratégica sobre la región, sobre la adecuación de las tipologías de servicios y sobre un escenario de desarrollo, anticipándose y en permanente evolución. En este contexto la discusión sobre la estructura debería tener en cuenta la fragmentación existente como punto de partida y la unificación como punto de llegada. Es el Estado quien tiene la responsabilidad de brindar atención sanitario-integral según las particularidades territoriales y culturales de cada región, en cumplimiento del principio de subsidiariedad. En virtud de este principio, el Estado ejecutará una labor orientada al bien común cuando se advierta que los particulares no la realizan adecuadamente, sea por imposibilidad, sea por cualquier otra razón. La subsidiariedad dicta que la autoridad debe resolver los asuntos en las instancias más cercanas a los interesados. Por tanto, la autoridad central asume su función subsidiaria cuando participa en aquellas cuestiones que, por diferentes razones, no pueden resolverse eficientemente en el ámbito local, o en el más inmediato. La subsidiariedad es, en principio, una de las características del federalismo.

Todo este proceso de transformación estructural debe efectuarse en forma gradual, planteando acciones con metas intermedias, sin provocar traumatismos en el sistema actual ni desestabilizar a los profesionales de la salud quienes deben gozar de todas las garantías para efectuar su trabajo exitosamente.

Debemos asumir este debate sabiendo que la situación es muy compleja y que no existen soluciones rápidas y simples.

1.2. Universalizar la salud

En la actualidad, se aprecia una significativa fragmentación y dispersión en cuanto a la estructura de gobierno, organización, población destinataria, *programas específicos,* como así también en la formación de los profesionales para el área de servicios sanitarios. En este sentido, es absolutamente necesario establecer definiciones que den un marco de coherencia para desarrollar una salud de equidad y calidad en todo el territorio argentino.

El nuevo Sistema Federal Integrado de Salud debe establecer la necesidad de que el Estado defina políticas orientadas a la efectiva universalización de la salud, para que esté disponible como derecho para todos los residentes de nuestro país, a través de alternativas que se ajusten a cada zona, localidad y comunidad, con el objetivo de determinar intervenciones destinadas tanto a ampliar la cobertura como a mejorar la calidad sanitaria –como, por ejemplo, la facilitación de la entrega a cada ciudadano de credenciales sanitarias de identificación–, como así también debe definir propuestas que contemplen las realidades urbanas y rurales.

Para crear condiciones de igualdad en el acceso será preciso procurar una propuesta de atención sanitaria-integral según las particularidades de cada región. En este sentido, será necesario discutir las bases para una normativa que regule adecuadamente los servicios sanitarios, asistenciales y de cuidado, combinando las enormes potencialidades de la participación comunitaria y social, con las cuales se desarrollan muchas acciones, y el profesionalismo necesario para que la oferta sanitaria en todos los niveles se desarrolle con todas las garantías que exige un servicio de buena calidad.

1.3. El acceso al sistema de salud sin ningún tipo de discriminación

Cada sujeto tiene derecho a recibir salud conforme a sus particulares necesidades, para lo cual se posibilitarán diversos itinerarios sanitarios y sus consecuentes procesos de evaluación. No hablamos de sistemas paralelos ni de elecciones basadas en un pensamiento binario, sino del desafío a abordar realidades complejas con respuestas diversas.

La ausencia de discriminación por motivos de raza y grupo étnico, sexo y concepto de género, e idioma y religión, es una norma totalizadora y fundamental pertinente a todos los aspectos de la vida pública. Se ha determinado que los principios fundamentales de la equidad y la ausencia de discriminación son componentes clave de todos los asuntos relativos a la salud. Ello incluye la no discriminación en el acceso a los establecimientos, bienes y servicios de salud, prestando especial atención a los sectores más vulnerables o marginados de la población. Significa también que, dichos establecimientos, bienes y servicios deben ser culturalmente apropiados, es decir, respetuosos de la cultura de las personas, las minorías y las poblaciones indígenas, además de sensibles a las necesidades propias del género y el ciclo de vida.

1.4. La oportunidad de la accesibilidad

Lo oportuno del acceso a los servicios es otro aspecto pertinente que hay que tener en cuenta. Las personas pueden tener acceso a servicios de salud, pero en algunos casos sólo los pueden aprovechar en forma tardía por falta de logística, lo que elimina las posibilidades de éxito en el tratamiento médico. Ello podría explicar las diferencias entre los indicadores. Las razones que llevan a las personas o los grupos a demorar el momento de la consulta se relacionan en parte con los aspectos ya mencionados, es decir, costo, ubicación e idioma; pero también se vinculan con la comprensión del proceso de salud/enfermedad por parte de las personas, y con los conocimientos y la información a su disposición sobre el papel de la prevención de enfermedades y la promoción de la salud. Se busca ayuda con mayor presteza cuando el sector sanitario tiene una perspectiva integral sobre la forma de organizar y suministrar los servicios.

1.5. El acceso geográfico a los servicios de salud y a la información en materia de salud de todos los segmentos de la población

El acceso en términos físicos o geográficos, hace referencia al alcance de los servicios de salud en tiempo y distancia, con la facilidad de llegar a un centro de salud sin ningún tipo de barreras (ni económicas, ni viales, etc.) y asegurando que en los lugares de difícil acceso en donde no existen establecimientos tradicionales de salud, se provean los servicios sanitarios a usuarios y usuarias que vivan en dichas zonas.

Además, los principios internacionales de derechos humanos incluyen la obligación de los gobiernos de respetar el derecho de las personas a buscar, recibir e impartir información e ideas sobre cuestiones de salud. El suministro de información sobre la salud, y el acceso a dicha información, también se considera un "factor determinante básico de la salud" y, como tal, parte fundamental del logro del derecho al máximo nivel posible de salud.

2. El Sistema y la gradualidad en su implementación

El Sistema Federal Integrado de Salud deberá entender en la coordinación general: el reordenamiento, la planificación, la organización, la programación, la promoción, y la evaluación en materia de salud pública; la planificación, administración y distribución racional de los recursos sanitarios según necesidades sanitarias de la población, niveles de complejidad definidos y áreas territoriales; la actualización y sistematización armónica y coordinada del sistema sanitario público; la creación de una red sanitaria de utilización pública y de los diferentes niveles con que articule su accionar; la implementación de mecanismos de auditoría; el cambio progresivo hacia la calidad y modernización de los servicios sanitarios; el estímulo y sostenimiento de la investigación científica en el ámbito de la salud; y el establecimiento, gestión y actualización de acuerdos y convenios según programas necesarios para su optimización funcional.

Atento al carácter voluntario de adhesión e integración que el sistema propone, su implementación será gradual y escalonada. Se trata de un cambio de largo plazo que exigirá continuidad de los esfuerzos y la visión en el tiempo para garantizar la consolidación de resultados esperados.

3. Entrada al Sistema y aspectos de derivación Modelo de prestación

3.1. Los niveles de atención y la entrada al Sistema

La puerta de entrada al Sistema Federal Integrado de Salud es la Atención Primaria de la Salud; es el primer nivel de acceso de los ciudadanos y ciudadanas a la asistencia sanitaria, y el centro de atención primaria (CAP) es el primer lugar al que se debe ir cuando se tiene un problema de salud o se quiere prevenir.

Las áreas básicas de salud y los equipos de atención primaria formarán parte del primer nivel de atención de salud. Las áreas básicas de salud son unidades territoriales elementales a través de las cuales se organizarán los servicios de atención primaria. Cada individuo pertenecerá a un área básica de salud concreta que responderá a su lugar de residencia.

Cada área básica de salud tendrá asignado un equipo de atención primaria que prestará la atención al CAP. Este equipo será el conjunto de profesionales sanitarios y no sanitarios que dirige y desarrolla sus actividades de atención al conjunto de la población de un área básica. Estos profesionales ofrecerán una atención integral, que incluye la atención y la prevención de enfermedades, la promoción en los hábitos saludables y la orientación en la asistencia social. Cuando el problema de salud requiera otras atenciones, desde el centro de atención primaria se efectuarán las derivaciones hacia el recurso asistencial que sea pertinente (atención especializada, pruebas diagnósticas, etc.).

Los CAP deberán contar con capacidad de atención ambulatoria basada en una combinación de recursos de complejidad técnica básica. Dicho nivel cumplirá acciones de promoción, protección, prevención, diagnóstico y tratamiento en forma ambulatoria.

Son objetivos del primer nivel de atención:

1) conformar la primera alternativa de atención para los pacientes ambulatorios y convertirse en el nivel de seguimiento por excelencia de los mismos;
2) concretar acciones permanentes de promoción, prevención, atención ambulatoria, interacción domiciliaria, y toda otra tarea relacionada con el primer nivel, y de acuerdo a la capacidad de resolución que cada efector tenga asignada;
3) posibilitar a todas las personas el acceso a la capacidad de resolución de su patología, de acuerdo a la necesidad de atención de cada individuo, implementando mecanismos dinámicos, eficaces y calificados de articulación entre distintos niveles, y sistematización optima de mecanismos de referencia y contrarreferencia;
4) asegurar la participación comunitaria en las tareas de promoción y protección de la salud y prevención de enfermedades;
5) priorizar la constitución de equipos de trabajo médico de carácter multidisciplinario e intersectorial;
6) desarrollar, coordinar y ejecutar un sistema adecuado de información sanitaria y vigilancia epidemiológica;
7) implementar un sistema efectivo de identificación de la cobertura de las personas que sean atendidas.

El segundo nivel de atención médica cumplirá acciones de promoción, protección, prevención, diagnóstico y tratamiento en forma ambulatoria, de afecciones que requieran médicos especialistas y equipos operados por personal técnico en diferentes disciplinas, y aquellas que requieran interacción a pacientes derivados del primer nivel o de los que se presenten de modo espontáneo con urgencias médico-quirúrgicas.

Integrarán también el segundo nivel de atención, los centros socio sanitarios que se conformen según criterios para internación por larga estadía, convalecencia o permanencia en unidades de cuidados paliativos.

El tercer nivel de atención estará destinado a restaurar la salud y rehabilitar a usuarios referidos por los otros niveles, y comprenderá todas las acciones y servicios que, por su alta complejidad médica y tecnológica, son el último nivel de referencia de la red asistencial, garantizando la optima capacidad de resolución de las necesidades de alta complejidad a través de equipos profesionales altamente especializados, debiendo articularse con los otros niveles, a fin de garantizar a las personas la capacidad de resolución adecuada a sus necesidades de atención.

La investigación constituirá una acción básica y fundamental, necesaria para la promoción y conservación de la salud, por lo cual los tres niveles de atención desarrollarán funciones de apoyo especializado para la vigilancia epidemiológica y actividades de investigación.

3.2. La derivación dentro del Sistema

La atención primaria de la salud es el primer nivel de acceso al Sistema Federal Integrado de Salud. El primer eslabón de la cadena es el centro de atención primaria (CAP). Allí debe dirigirse en primera instancia el usuario del sistema.

La atención especializada de la salud es el segundo nivel de acceso al sistema, y comprende la atención hospitalaria y la atención sociosanitaria.

El acceso a la atención hospitalaria se da por derivación del médico de la especialidad básica y, según la necesidad de atención, se efectuará la derivación dirigida al centro de atención que por sus características de abordaje sea suficiente para brindar adecuada asistencia.

De acuerdo con las tendencias actuales en los modelos hospitalarios, se plantea una concepción de hospital bastante diferente de la clásica. En el modelo actual de hospital, el peso de la atención se desplaza gradualmente hacia una actividad más ambulatoria a la vez que se plantea un hospital más abierto y flexible, más adaptable a los diversos cambios que se producen en nuestra realidad, como los cambios demográficos, las técnicas médicas emergentes o los cambios de los valores de la población.

Se considera hospitalización de día a la atención médica o de enfermería programada para pacientes que requieren, en un mismo día, la aplicación de determinados tratamientos o la realización de determinadas técnicas diagnósticas, o que necesitan otros servicios de soporte que, en otro caso, requerirían una hospitalización convencional.

La **internación domiciliaria**, como alternativa asistencial del área de salud, consiste en un modelo organizado capaz de dispensar un conjunto de atenciones y cuidados médicos y de enfermería, tanto en calidad como en cantidad, similares a los hospitalarios, realizada en el propio domicilio del paciente, cuando éstos ya no precisan la infraestructura hospitalaria, pero todavía necesitan vigilancia activa y asistencia compleja. Su control y monitoreo debe sentarse en cada nivel de atención según el grado de complejidad que se aborde.

La **atención sociosanitaria** sigue un modelo de atención integral y multidisciplinar que garantiza una atención de calidad dirigida a las personas dependientes, no autosuficientes a nivel funcional y que requieren ayuda, vigilancia o cuidados especiales. Es decir, dirigida a las curas paliativas y a la atención de las personas con enfermedades crónicas evolutivas y que tienden a la discapacidad.

Los pacientes que requieren atención psiquiátrica y/o en el ámbito de la salud mental serán atendidos con los diferentes recursos con los que cuenta la red en esta materia. Estos recursos ofrecerán los siguientes servicios: de atención especializada de salud mental; de soporte a la atención primaria de salud; de atención hospitalaria psiquiátrica, con diferentes niveles de intensidad; de hospitalización parcial u hospital de día, y de rehabilitación comunitaria.

Cuando sea necesario un accionar de alta complejidad médica y tecnológica, se hará efectiva la derivación al último nivel de referencia de la red asistencial. La óptima capacidad de resolución de este tipo de necesidades está estrechamente vinculada a equipos profesionales altamente especializados y tecnología de última generación.

4. Mapa sanitario

En la actualidad, la ordenación, localización y planificación de los recursos es fundamental para la política sanitaria de cualquier territorio o país. La problemática relativa a la localización y el establecimiento de las áreas de referencia de los recursos tienen en materia sanitaria su principal soporte planificador. Un mapa, precisamente, combina a la perfección los objetivos territoriales y sectoriales de la planificación. La regionalización de los servicios sanitarios, equipamientos y personal ofrecen múltiples ventajas: marcar responsabilidad sanitaria territorializada, descentralizar recursos, facilitar la prestación de servicios y la evaluación de los mismos, facilitar la participación ciudadana al acercar la administración a los propios usuarios, etc.

Efectuada la convocatoria y posteriormente los acuerdos y convenios necesarios para su optimización funcional, se deberá elaborar el mapa sanitario como instrumento dinámico, que oriente y facilite la toma de decisiones en los contextos adecuados, a través de la búsqueda de los consensos necesarios y la incorporación de los criterios de planificación que permitan anticiparse a las necesidades futuras. Como herramienta de planificación estratégica, los servicios de salud con una visión de conjunto están enfocados tanto a proponer las infraestructuras necesarias en el territorio y la ordenación territorial, como a dar orientaciones para desarrollar y adecuar los servicios con una perspectiva de futuro.

El mapa sanitario incluye información relativa a:

1. densidad y caracterización de la población;
2. recursos humanos, profesionales y auxiliares;
3. inventario de infraestructura;
4. parque tecnológico y su capacidad operativa;
5. perfil epidemiológico y enfermedades prevalentes;
6. factores ambientales;
7. accesos geográficos;
8. situación de los profesionales de la salud; y
9. todo otro dato que se estime necesario y pertinente.

Todos estos factores dan consistencia a una *visión sanitaria georreferencial* óptima y dinámica.

La efectividad del mapa como instrumento de planificación, está determinada por la capacidad de servir a la toma de decisiones sobre el desarrollo y la adecuación de los servicios, y la interrelación con los otros ámbitos de actuación y los instrumentos para hacer efectivas las políticas de salud, las que a partir de la elaboración de los planes, permitirán el diseño de los programas concatenando las prioridades de los mismos. Pero el mapa es fundamentalmente orientador, por lo tanto, deja un importante margen de decisión en el ámbito territorial para adaptar los criterios generales a las características sustantivas de cada territorio y su población.

5. La red sanitaria de utilización pública

La accesibilidad, la calidad y la eficiencia: lo que es efectivo, lo es allí donde sea adecuado, a tiempo y lo más cerca posible; pero no todo es factible, ni se puede llevar a cabo en todas partes con igual logro de eficiencia. Se trata de concentrar la atención en centros o equipos profesionales determinados en los ámbitos asistenciales, en los que la experiencia clínica y el uso de la tecnología adecuada están relacionados con el volumen de casos atendidos, de acuerdo con la evidencia científica y los resultados de la evaluación de la calidad de práctica clínica.

Si bien las decisiones clínicas de los profesionales o las actuaciones de los agentes de salud pública son las que están en la base de la relación de atención a los usuarios y a las poblaciones, y las que aportan más valor añadido en el contacto cotidiano de los usuarios con los servicios, también es cierto que éstas están condicionadas por la capacidad asistencial disponible, el equilibrio entre dispositivos, las competencias de los profesionales y, en definitiva, por la configuración de la red de servicios. La evolución de la red de servicios con una perspectiva de futuro, entendida como una nueva tecnología de integración, debe tener relación con las prioridades y la visión estratégica de la política de salud, y con el modelo asistencial que los usuarios escogen legítimamente en el marco de una sociedad democrática.

Apostar a las nuevas tecnologías de la información, de manera que la informática se convierta en un verdadero metasistema, es decir, en un espejo donde se refleje la totalidad del sistema en forma dinámica y pase a ser una herramienta inteligente al servicio del fin: el cuidado de la salud.

Pensar en la comunicación y el trabajo en red para minimizar los problemas de aislamiento y dispersión y facilitar la relación entre centros y profesionales, además de aumentar la accesibilidad, la calidad y la eficiencia de los usuarios a los servicios.

Los servicios públicos y privados de salud se integrarán a través de la red al Sistema Federal Integrado de Salud de forma voluntaria. La integración y la adhesión al mismo tendrán carácter funcional, sin generar la modificación de la titularidad de las entidades ni su autonomía administrativa.

6. Organización y dirección del sistema

La organización del Sistema Federal Integrado de Salud se sustentará en criterios de centralización normativa, de planificación y de control a cargo del Consejo Federal de Salud (CO.FE.SA.) y de regionalización para la ejecución, operativa y funcional, articulando los servicios sanitarios, integrándolos según programas bajo la instrumentación local de los Consejos Regionales de Salud (CO.RE.SA.).

La centralización normativa que se propone se complementa con la regionalización operativa, es decir, con el fortalecimiento del federalismo como manera de reforzar el interior de la Nación, para correlacionar desde las prácticas en materia de salud pública los idearios de nuestra Constitución Nacional. Es precisamente el CO.FE.SA. la instancia federal en la que la Nación, las provincias y el Gobierno de la Ciudad Autónoma de Buenos Aires han encontrado un ámbito adecuado para la construcción de consensos, con el fin de desarrollar y coordinar las políticas sanitarias prioritarias para lograr el fortalecimiento de la salud, como instrumento de equidad y desarrollo.

Ante el convencimiento de que, para dotar de eficiencia al sistema en un marco de descentralización de responsabilidades locales, resulta necesario que la autoridad central esté apoyada en una estructura profesional y altamente capacitada, que impulse y gerencie el nuevo sistema de manera permanente; así como también una distribución clara y equilibrada de responsabilidades, capacidades y recursos entre las distintas regiones, instancias y niveles en que se implementará el Sistema de Salud.

Para que el nuevo modelo de gestión sanitaria realmente sea federal, es fundamental que existan esfuerzos logrados de coordinación interjurisdiccional, horizontales y verticales. Conforme ello es que se propone al CO.FE.SA. como el organismo que articulará y coordinará las distintas acciones interjurisdiccionales que se lleven a cabo entre los sectores público y privado del actual sistema de salud.

Tal misión implica la atribución de nuevas funciones del CO.FE.SA., su reestructuración y su dinámica de funcionamiento. De allí la modificación del decreto ley 22.373/80 que el presente proyecto contiene y la creación de una nueva estructura operativa, ejecutiva, altamente profesional y gerenciadora de funcionamiento permanente.

El Consejo Federal de Salud (CO.FE.SA.) contará con una Secretaría Permanente con sede en el Ministerio de Salud de la Nación, a cargo de un secretario ejecutivo primero y un secretario ejecutivo segundo.

El secretario ejecutivo primero estará a cargo del área médica de la Secretaría Permanente, deberá ser profesional en ciencias médicas con especialización en gestión sanitaria y contar con no menos de diez años de experiencia en la materia. El secretario ejecutivo segundo estará a cargo del área organizativa-contable de la Secretaría Permanente, deberá ser profesional en ciencias económicas con especialización en organización de la salud. Sus designaciones se efectuarán previo un estricto proceso de selección que garantice transparencia e idoneidad en la materia, y permanecerán en sus cargos por períodos de cuatro (4) años, pudiendo ser reelegidos en forma indefinida. La remuneración será determinada por el Consejo Federal Integrado de la Salud.

Cada secretario ejecutivo propondrá al Consejo Federal de Salud la organización del área y de las distintas gerencias que estén a su cargo. El Consejo Federal de Salud dictará el reglamento de funcionamiento de la Secretaría Permanente y de las distintas gerencias a su cargo, como así también fijará sus remuneraciones.

El CO.FE.SA. utilizará los convenios de gestión como mecanismo para contratar y acordar acciones, facilitar el contralor de su cumplimiento y las obligaciones que en materia asistencial, de gestión y de financiamiento correspondan a las partes, y según las especificidades correspondientes.

A nivel local, bajo el marco operativo de los CO.RE.SA., el secretariado permanente del CO.FE.SA implementará, conforme la gradualidad que el Sistema requiera, tantas gerencias regionales como regiones queden establecidas por vía reglamentaria, con responsabilidad sobre la ejecución y monitoreo de los programas que el Sistema implemente en la región. Cada gerencia estará a cargo de profesionales en ciencias médicas con especialización en gestión sanitaria y experiencia demostrada en la materia.

El proyecto de programación regional estará a cargo de la gerencia correspondiente, coordinándolo con los ministros de salud de las jurisdicciones pertenecientes a la región. El Consejo Federal de Salud aprobará la programación regional una vez verificada la correlación del proyecto con la planificación a nivel central.

En el ámbito del Consejo Federal de Salud (CO.FE.SA.) se creará un Consejo Consultivo del Sistema Federal Integrado de Salud, conformado por representantes gubernamentales, empresariales, de organizaciones sindicales de trabajadores y de organizaciones sociales, con el propósito de constituirse en un espacio de consulta, recomendación de políticas y participación activa de la sociedad civil.

6.1. Organización del Sistema

El Sistema Federal Integrado de Salud se organizará a través de una red sanitaria de utilización pública por niveles de atención según las necesidades de sus usuarios y la complejidad de las prestaciones, conforme una estrategia de racionalización de los recursos, priorización de la atención de la salud y de mecanismos de referencia y contra referencia entre ellos, en base a los datos del mapa sanitario y al sistema de información único.

La planificación como estrategia situacional que eslabona prioridades, debe evaluar el generador de las necesidades sanitarias, orientarse a la reducción de los problemas y a la disminución de los factores de riesgo, y evaluar el impacto en salud de las actividades no sanitarias. Es menester llevar a cabo una planificación estratégica sobre la región, sobre la adecuación de las tipologías de servicios y sobre un escenario de desarrollo, anticipándose y evolucionando.

6.2. Integración al Sistema

Los servicios públicos y privados de salud que se integren al Sistema Federal Integrado de Salud, sujetarán su accionar y adecuarán su organización y funcionamiento a los principios de la planificación estratégica central. La integración y la adhesión al Sistema Federal Integrado de Salud tendrán carácter funcional, sin generar la modificación de la titularidad de las entidades ni su autonomía administrativa.

7. Matriz sanitaria

Basados en el concepto de centralización normativa, definimos a la planificación del sistema como responsabilidad del Ministerio de Salud de la Nación, en coordinación con los demás niveles institucionales a cargo del tema.

Ello implica que existirá un órgano que planifique y norme, y una multiplicidad de niveles para la programación y acción descentralizada, lo que conlleva, entre otras actividades, la contratación de efectores. Es decir, se separa el órgano de planificación del que ejecuta las acciones.

Para lograr este objetivo, se hace necesario considerar la totalidad del presupuesto asignado a salud como un todo, para poder asumir en forma conjunta, todos los niveles institucionales y todos los actores del sistema, el compromiso de invertir prioritariamente los fondos en los objetivos que conjuntamente se definan como tales, y en general efectuar una asignación de recursos eficaz y eficiente para el cumplimiento de las metas que se estipulen estratégicamente.

Para tal fin, es imprescindible analizar las posibilidades de financiamiento desde una perspectiva abarcadora, es decir, incluir los presupuestos de los actores que se integren al sistema en un único fondo virtual que permita asignar el financiamiento en forma coherente, con la definición de prioridades a nivel territorial y de atención que la planificación estratégica determine. Esto implica, en lo que atañe al presupuesto público, coordinarlos desde el CO.FE.SA., acordando el destino del gasto. Es decir, tanto la Nación como el resto de los niveles institucionales que se integren al sistema, deberán analizar y proyectar sus presupuestos de gasto anual y plurianual, en función de la planificación general que se acuerde.

Cuando hablamos de presupuestos, nos referimos a las obras sociales provinciales, el INSSJP, además de las obras sociales sindicales, en la medida que se integren a un sistema que se constituye solidario, garantizando el derecho de todos a acceder a un sistema integral de salud y permanecer en el mismo, en forma equitativa, oportuna y adecuada a las necesidades.

La integración de los distintos actores al sistema se realizará en forma paulatina, y por lo tanto, los fondos se irán integrando progresivamente en la coordinación presupuestaria.

Asimismo, en el entendimiento de que existen deficiencias estructurales que corresponde corregir, es necesario que el presupuesto nacional asignado a salud sea incrementado progresivamente en una medida semejante al crecimiento del PBI, hasta que alcance un piso como porcentaje del presupuesto nacional.

En el mismo sentido, a partir de los acuerdos a los que se arribe con las distintas jurisdicciones, se propendería al incremento de los presupuestos provinciales con los mismos propósitos.

8. Fondo Nacional de Alta Complejidad

La creación del Fondo Nacional de Alta Complejidad dentro del sistema propuesto asegura la igualdad de acceso de toda la población a las nuevas tecnologías para el tratamiento, complejo y costoso, de las patologías de alta especialización, con independencia de la caracterización socioeconómica y la posibilidad de cobertura formal del paciente.

Para el logro de este objetivo, se propone la modificación del actual Fondo de Redistribución –el que se conforma con fondos provenientes de trabajadores y empleadores, con el objeto de solventar los tratamientos de las patologías de alto costo– mediante la asignación de fondos tributarios que permitan costear estas patologías para toda la población beneficiaria del Sistema.

Por ello se establece que la Nación deberá hacerse cargo de los gastos de atención de las enfermedades de alta especialización (medicamentos oncológicos, HIV, trasplantes, cirugías cardiovasculares, etc.), para todos los beneficiarios de los actores que se integren al Sistema. Esta definición permitirá asegurar una atención en centros especializados, con personal altamente capacitado y alta tecnología, al servicio de la población, sin que los altos costos que esta atención conlleva repercutan negativamente en la administración de los distintos subsectores.

Ello implica que el actual Fondo de Redistribución, hoy restringido a aportar fondos a las obras sociales para acompañar las necesidades de inversión en la atención de las enfermedades de alto costo de sus afiliados, se abra a financiar estos costos para todos los residentes beneficiarios del Sistema Federal Integrado de Salud, en todas aquellas patologías altamente especializadas.

La gestión del fondo debe asumir criterios de calidad que garanticen prestaciones basadas en pautas y protocolos sustentados en evidencia científica, y que aseguran la verificación de la pertinencia de las indicaciones y su oportunidad.

Asimismo se debe cerrar el circuito con la puesta en marcha de un control de calidad de los actos médicos y una evaluación de resultados.

9. Nomenclador único y demás regulaciones

El Sistema Federal Integrado de Salud contará para uso obligatorio, para los servicios de salud público y privado que integren el mismo con:

1. un nomenclador único de prestaciones médicas;
2. un manual de categorización de servicios de atención médica por región y categoría de servicios;
3. un registro de acreditación de efectores de salud y categorización de los profesionales;
4. protocolos de atención en consonancia con los avances científico-tecnológicos de resultados comprobables.

El Consejo definirá la progresividad de su implementación obligatoria, para la adecuación efectiva y no traumática del sistema.

10. Condiciones dignas de trabajo, de formación y de carrera para los profesionales de la salud

Los análisis sobre las estrategias más efectivas para lograr una salud de buena calidad para todos coinciden en señalar que, si bien los recursos materiales son una condición necesaria, no son suficientes. El actor clave es el profesional de la salud y sólo se podrá alcanzar ese objetivo con políticas integrales destinadas a mejorar la calidad de su formación inicial y continua, a mejorar sus condiciones de trabajo y a diseñar un modelo de carrera sanitaria que permita su desarrollo profesional sin desvincularlo de la realidad sanitaria que se debe abordar.

10.1. Formación inicial y continua: una cuestión estratégica de carácter nacional

Es preciso actuar ahora en relación a la formación sanitaria inicial, si se quiere garantizar efectivamente una salud de buena calidad en el siglo XXI. Por esto, a la vez que se requieren acciones urgentes y persistentes, es imprescindible contar con una mirada atenta hacia el mediano y largo plazo.

Los cambios experimentados por la sociedad y por el propio sistema sanitario han producido impactos muy significativos sobre el ejercicio de la profesión sanitaria. El conocimiento mismo tiene otras formas de producción y circulación, además de la escritura: otros lenguajes, otras tecnologías.

La realidad sanitaria actual exige repensar la formación de los profesionales de la salud en el marco de los problemas, reflexiones y desafíos que atraviesan a la sociedad contemporánea.

Las políticas de formación de los profesionales sanitarios no han estado a la altura de estos nuevos desafíos. En las últimas décadas, numerosos problemas han afectado la formación inicial y la capacitación de los profesionales de la salud en ejercicio. Un resumen sucinto de las principales dificultades observadas llevaría a mencionar entre las más importantes: la ausencia de un sistema nacional de formación; la profunda fragmentación institucional vigente, las débiles relaciones entre el sistema formador, el sistema sanitario y las necesidades locales de la población; la mercantilización imperante en la formación de los profesionales sanitarios; la dificultad de planificar a mediano plazo la oferta de formación de los profesionales sanitarios; la ausencia de coordinación con las universidades. Ante lo expuesto consideramos necesaria una política de jerarquización, articulación y dinamización de la formación sanitaria inicial y continua, basada en el principio de considerar la formación en salud inicial y continua como una cuestión estratégica de carácter nacional. La formación sanitaria debe ser entendida como un proceso que comienza con la instrucción inicial pero continúa a lo largo de toda la carrera. Ambas modalidades deben tener mayores niveles de articulación y será necesario crear mecanismos que permitan enriquecer la formación inicial con los aprendizajes realizados en el ejercicio de la profesión. En este sentido, sería necesario aceitar aún más la actividad de docencia, en la cual, la incorporación de los profesionales sanitarios jóvenes se realice con el apoyo y acompañamiento de profesionales experimentados, de manera tal de crear un puente entre la formación inicial y los aprendizajes realizados a lo largo de una vida de trabajo profesional.

La formación de los profesionales sanitarios debe tener muy en cuenta el contexto en el cual tendrá lugar el desempeño profesional.

El carácter nacional de las estrategias de formación inicial y continua de los profesionales sanitarios debe estar garantizado por un adecuado diseño institucional, de la mano de la implementación de cambios orientados a lograr una mayor articulación interna del sistema. Esta articulación puede incluir el diseño de mecanismos de acreditación de aprendizajes previos realizados en ámbitos de salud no formal y de experiencia laboral, mecanismos de revalidación de títulos y diplomas, la existencia de múltiples opciones de formación con sus marcos normativos correspondientes. Si bien algunos de estos problemas deberán ser discutidos en el ámbito de la ley de universidades, es importante mencionarlos aquí para poder apreciar la importancia que han adquirido en los nuevos contextos sociales.

10.2. La concertación para definir condiciones de trabajo y carrera de los profesionales sanitarios

Además de la formación inicial y continua, será preciso discutir las modalidades que debe asumir la carrera de los profesionales sanitarios y sus condiciones de trabajo. Hasta ahora, las posibilidades de progreso profesional están asociadas a cambios de funciones o cambios de nivel del sistema sanitario en el cual el profesional de la salud se desempeña.

Con respecto a las condiciones de trabajo, es necesario abordar la elaboración de pautas acerca de la función de los profesionales sanitarios, en concertación con las organizaciones gremiales de salud y los ministerios de las distintas jurisdicciones.

11. La participación ciudadana en el desafío sanitario

Las formas de gobierno y administración de la salud no son un fin en sí mismo sino instrumentos al servicio de los objetivos postulados por las políticas. Desde este punto de vista, el gobierno de la salud comparte los aspectos fundamentales de las formas de gobierno de nuestro país.

Hoy nos encontramos con instituciones sanitarias que no logran adaptarse a las realidades locales y regionales; con históricos problemas de desigualdad, diferenciación y segmentación de la salud y la baja calidad de la misma. Estas dificultades se sumaron a las que generaba un proceso económico que provocó la exclusión social y económica de millones de argentinos, que quedaron sumidos en la pobreza y el desempleo. El contexto socioeconómico del país se agravó en una magnitud impensada durante la crisis acaecida en los primeros años del siglo XXI.

Debemos salir del péndulo simplificado entre un sistema nacional centralizado de modelo único que no respeta la diversidad, y un sistema provincial fragmentado que rompe la cohesión y la integración nacional. El Estado Nacional es un Estado federal y en esa línea debe trabajar la administración sanitaria.

Las decisiones nacionales deben ser al mismo tiempo federales a partir de la participación de los integrantes del

CO.FE.SA. La experiencia internacional demuestra algo sostenido repetidamente: no hay procesos de descentralización exitosos sin una administración central fuerte. Pero la fortaleza de la administración central no está asociada a controles burocráticos sino a capacidades estratégicas, que pueden sintetizarse en cuatro grandes categorías que se detallarán a continuación:

11.1. El sentido de la acción sanitaria y los procesos de concertación democrática

La salud prefigura el futuro, y sólo si nos ponemos de acuerdo en un proyecto de futuro, podremos orientar y potenciar las acciones de los diferentes actores sociales con niveles adecuados de coherencia. La salud es, además de una actividad cotidiana, una acción de largo plazo, y los profesionales de la salud no podemos actuar sin disponer de una visión de futuro que brinde sentido a nuestro trabajo. Nadie pretende, por supuesto, imponer un sentido único a las acciones sociales. Pero el Estado puede y debe jugar un papel activo en crear condiciones tanto para la discusión y la concertación, como para que los objetivos definidos federal y democráticamente sean cumplidos.

La salud es uno de los instrumentos más importantes para promover la cohesión nacional y social y la responsabilidad mayor, en un país federal como el nuestro, recae sobre las autoridades nacionales. Para ello, es necesario llevar a cabo procesos de concertación que permitan definir los objetivos y los resultados comunes a todas las jurisdicciones, con los mayores niveles de participación posibles. La cohesión no puede lograrse por imposición del poder central. Es necesario fortalecer el rol del CO.FE.SA y promover otros espacios que permitan la participación de los distintos actores de la comunidad sanitaria, tanto a nivel nacional como local.

Los acuerdos del CO.FE.SA deben ser, por ello, de cumplimiento obligatorio. Sin desmedro de las atribuciones estatuidas por la Constitución Nacional a las administraciones provinciales, el Sistema debe establecer mecanismos de control de la normativa vigente que consolide la unidad nacional, respetando las particularidades provinciales y locales.

Al mismo tiempo, el Sistema debe sustentarse y fluir con la participación de otros actores que, como los medios de comunicación, los sectores científicos y académicos, etc., también pueden aportar al sistema sanitario desde una perspectiva nacional.

11.2. La planificación de estrategias de desarrollo sanitario, la evaluación de resultados y el monitoreo de los procesos a través del Sistema Único de Información

La visión de futuro tiene que traducirse en estrategias de desarrollo que tomen en cuenta los recursos disponibles, evalúen las tendencias tanto nacionales como internacionales, definan las prioridades, las metas y los plazos para alcanzarlas. En las últimas décadas se debilitó significativamente la capacidad del Estado para planificar estrategias de desarrollo. La incertidumbre acerca del futuro, la velocidad de los cambios y el predominio ideológico de concepciones de mercado, provocaron el deterioro de las unidades de planificación sanitaria que habían sido creadas en décadas anteriores. No se trata de volver a concepciones superadas de planificación lineal, pero el Estado tampoco puede renunciar a definir estrategias de largo plazo, que sólo él puede proponer a la sociedad.

Para cumplir con estas tareas, el Estado debe disponer de una fuerte capacidad de información y evaluación, que permita tomar decisiones sobre bases firmes.

Un paso importante en esta dirección se ha de producir con la creación del Sistema Único de Información Sanitaria, con el objeto de ordenar y reorganizar el sistema sanitario nacional, y a fin de brindar atención a la diversidad de requerimientos y necesidades de las realidades regionales y de consolidar una cultura de eficiencia gestora. El mismo estará integrado por las áreas de planificación, compra de servicios, red sanitaria de utilización pública, financiamiento, y auditoría contable y médica.

La necesidad de acordar convenios entre la Nación y cada provincia en dirección a fijar metas y políticas para llevarlas a cabo, exige un papel comprometido del Estado Nacional, en el apoyo a través de recursos materiales y de capacidad técnica, acompañando integralmente las estrategias sanitarias provinciales.

En este contexto, la necesidad de reconstruir un sistema de información y evaluación nacional cobra un carácter estratégico para la planificación de políticas integradas. Durante algunos años se desarticuló el sistema de información nacional y se dificultó la posibilidad de producir series históricas respecto de temas sanitarios de relevancia.

Es necesario recuperar la capacidad del Estado de contar con información seria y confiable acerca del sistema sanitario para poder tomar decisiones de política sanitaria. El sistema sanitario ya dispone de sistemas de información que constituyen un aporte importante a la creación de información para la toma de decisiones. Algunos ajustes, sin embargo, son necesarios. Por un lado, es preciso discutir la relación de las políticas de evaluación con los actores internos del sistema sanitario. Más allá de las intenciones, parece evidente que los profesionales sanitarios perciben estos dispositivos más como una presión o una amenaza que como un insumo para el mejoramiento de las estrategias de abordaje y seguimiento.

En ese contexto, la información de los resultados no se transforma en un insumo para el mejoramiento de las políticas, y el impacto sobre las estrategias de salud es muy débil. Será necesario, en consecuencia, definir mecanismos de información y evaluación que actúen como eficaces instrumentos para las decisiones, no sólo de las autoridades políticas sino también de los profesionales de la salud, los directores de los establecimientos, etc.

Estos aspectos son importantes para la elaboración de políticas que, desde el Estado y en concertación con las jurisdicciones, ayuden a construir una verdadera igualdad de posibilidades en torno al derecho de acceder universalmente a una salud de calidad.

Desde este punto de vista, es importante ampliar el espectro de dimensiones e instancias a ser informadas, monitoreadas y evaluadas. A nivel nacional, la instancia de evaluación facilita la percepción de logros, progresos y dificultades en los procesos de salud, y de desigualdades sociales y regionales.

11.3. La promoción de la unidad de sentido de la acción sanitaria a través de la capacitación de los responsables de la formación de los profesionales de la salud

La unidad de sentido de las políticas sanitarias se expresa a través de los acuerdos sobre objetivos mencionados en el primer punto de este apartado, pero también a través de acciones concretas sobre el principal actor del proceso sanitario: los profesionales de la salud. La importancia de este punto requiere que sea tratado de manera especial, pero aquí sólo deseamos sostener el principio según el cual fijar parámetros para la formación de los profesionales sanitarios, la innovación y la formación de formadores, deben ser una de las principales responsabilidades del Estado.

Como ya fue señalado anteriormente, la calidad de la formación de los profesionales de la salud es uno de los factores que más incide en la posibilidad de que los usuarios accedan integralmente al derecho a la salud. Es por ello que el Estado y el CO.FE.SA. deben tener la capacidad de fijar parámetros tanto para la formación y graduación de profesionales de la salud en todo el país, como para generar mecanismos que permitan que la "formación de formadores" esté sólidamente apoyada desde el ámbito nacional.

11.4. La promoción de espacios que permitan nuevas formas de participación en la toma de decisiones sanitarias

Sin embargo, el tema del gobierno de la salud no se agota en la definición de funciones de la administración nacional y de las provincias. La discusión del nuevo Sistema Federal Integrado de Salud es una gran oportunidad para analizar las posibilidades de introducir nuevas formas de participación de todos los actores sociales en la toma de decisiones sanitarias.

La participación es un valor fundamental en el proceso sanitario y su ejercicio cotidiano constituye una significativa experiencia de aprendizaje democrático. En este sentido, deberíamos discutir qué nuevas formas de participación de los profesionales de la salud, las familias y otros actores sociales pueden ser incorporadas a la gestión sanitaria.

Conclusiones

Es aceptado que tanto el estado de salud de la población como las desigualdades en esa materia, dependen, en buena parte, de las condiciones socioeconómicas, el trabajo, la educación, el urbanismo, la calidad del medio ambiente, la accesibilidad a los servicios sanitarios y el apoyo social, entre otros. Pero parece olvidarse de una pieza fundamental, una planificación que desarrolle estrategias comunes de abordaje para mejorar la salud de la población, con el fin de identificar a los usuarios con mayor fragilidad y/o dificultad para acceder a las prestaciones del sistema sanitario, y las actividades de promoción de la salud, intervenir para fomentar estilos de vida saludables y prevenir enfermedades, mejorar la capacidad de la comunidad para ser parte activa en su salud, adaptar los recursos sanitarios a las necesidades específicas y diferenciales de los territorios objeto de actuación, los grupos de población de acción preferente, etc.

En este sentido, la disponibilidad de información de calidad y la colaboración para su accesibilidad resultan imprescindibles para poder identificar problemas de salud, priorizar necesidades, adecuar recursos, entre otras funciones a cumplir.

El Sistema Federal Integrado de Salud que se propone implica un cambio sustancial, una verdadera reingeniería del sistema sanitario argentino y a su vez un real fortalecimiento de las instituciones al diseñar las **estrategias para hacer efectivas las políticas de salud**.

Elevación de mensaje

LEY DE CREACIÓN DEL SISTEMA FEDERAL INTEGRADO DE SALUD

ELEVACIÓN DE MENSAJE

Buenos Aires, ____ de _________ de 20__.

Al Honorable Congreso de la Nación

Me dirijo a Vuestra Honorabilidad a efectos de someter a su consideración el anteproyecto de ley que conforma el marco normativo de la nueva política sanitaria a implementar en el país mediante la creación e implementación de un **Sistema Federal Integrado de Salud** acorde con el modelo de país en materia de salud que queremos para las próximas décadas.

La profunda reforma sanitaria que el presente proyecto de ley plantea, no constituye una legislación para la coyuntura, sino que interpreta con realismo la situación de la que partimos y plantea la estrategia sanitaria para la Argentina que queremos, un **sistema de salud que resulte de la integración** armónica de las partes que lo componen, **bajo una coordinación adecuada, en una red que obedezca a un plan para toda la Argentina y responda con racionalidad**

y eficacia a las necesidades de la población, medidas a partir de la elaboración de un mapa sanitario.

La salud como derecho social es uno de los factores clave para desarrollar estrategias que permitan que el progreso del país esté sustentado en un modelo en el cual el objetivo principal del crecimiento económico sea fortalecer la justicia social. Construir una sociedad más justa en un contexto de globalización exige volver a definir el papel de la salud en la sociedad. En este contexto, la salud no puede ser considerada como una política "sectorial" sino como la variable clave de la estrategia de desarrollo nacional.

Conforme ello, es que se propicia la creación del Sistema Federal Integrado de Salud con el objeto de planificar, organizar, dirigir, coordinar y auditar la ejecución de las acciones y los medios, de los distintos servicios de salud tanto pública como privada del sistema sanitario argentino, que adhieran o se integren al mismo.

La ley que se propicia establece prioridades y estrategias para la resolución de los principales problemas del presente; reordena funciones, responsabilidades y competencias del Estado en sus diferentes niveles; define las bases para el desempeño de los diferentes actores del proceso sanitario; y tiene en cuenta las nuevas formas que adquiere el derecho a la salud en la Argentina actual y futura.

Le corresponde al Estado la responsabilidad principal e indelegable de fijar y controlar el cumplimiento de la política sanitaria, tendiente a que todos los residentes del país puedan ejercer su derecho a la salud, mediante la igualdad de oportunidades y posibilidades, sin discriminación de ninguna índole y a conformar una sociedad argentina justa y autónoma, a la vez que integrada a las diferentes regiones de nuestro país y al mundo. De allí que los principios rectores del Sistema Federal Integrado de Salud que se propicia, resultan consecuencia de una política de salud que posibilite el acceso al servicio integral de salud, de forma equitativa, oportuna y adecuada a las necesidades para todos los residentes en el país. El derecho de todos a la salud, implica:

- Una salud *permanente*, que posibilite el acceso real y la permanencia de la población a una atención de salud que responda a sus necesidades.
- Una salud que sea abordada desde el punto de vista de la *integralidad* de las personas.
- Una salud de *calidad*, que pueda brindar a los usuarios de los servicios una asistencia oportuna, eficaz y segura (calidad técnica) en condiciones materiales y éticas adecuadas (calidad percibida).
- Una salud que valore el *pluralismo*, la diferencia y la diversidad cultural, sin dar lugar a ningún tipo de discriminación por etnia, religión, origen, género, edad, discapacidad.
- Una salud enmarcada en un **sistema** *integrado* **y** *racional*, cuyas características deben ser solidaridad, flexibilidad, calidad, continuidad, eficacia, eficiencia y sustentabilidad.
- Una salud que cuente con *infraestructura* apropiada.

La razón del nuevo sistema se sustenta en una política estadual orientada a la efectiva universalización de la salud, para que esté disponible como derecho para todos los residentes de nuestro país, a través de alternativas que se ajusten a cada zona, localidad y comunidad, determinando intervenciones destinadas tanto a ampliar la cobertura como a mejorar la calidad sanitaria.

Este nuevo modelo de organización del sistema de salud de forma federal e integrada permitirá:

1) reducir las desigualdades de salud, de modo que las diferencias existentes no se consoliden ni contribuyan a aumentar las desigualdades sociales y económicas ya existentes;
2) propiciar la mejora efectiva en la calidad de vida de todas las personas, supliendo las diferencias y deficiencias que tanto el sector público como el privado tienen aisladamente en un país extenso y con geografía compleja;
3) adaptar los recursos sanitarios a las necesidades reales, específicas y diferenciales de los territorios objeto de actuación y los grupos de población de acción preferente;
4) planificar por áreas de especialización la atención de la salud; y
5) proveer los mecanismos que incentiven un alto nivel de utilización de medicina preventiva y educación para la salud.

De allí que el Sistema Federal Integrado de Salud que se propone implica un cambio sustancial, una verdadera reingeniería del sistema sanitario argentino y a su vez un real fortalecimiento de las instituciones.

En orden a dicha reingeniería sanitaria, se prevé que el Sistema deberá entender en la coordinación general; el reordenamiento, la planificación, la organización, la programación, la promoción, y la evaluación en materia de salud pública; la planificación, administración y distribución racional de los recursos sanitarios según las necesidades sanitarias de la población, niveles de complejidad definidos y áreas territoriales; la actualización y sistematización armónica y coordinada del sistema sanitario público; la creación de una red sanitaria de utilización pública y de los diferentes niveles con que articule su accionar; la implementación de mecanismos de auditoría; el cambio progresivo hacia la calidad y modernización de los servicios sanitarios; el estímulo y sostenimiento de la investigación científica en el ámbito de la salud; y el establecimiento, gestión y actualización de acuerdos y convenios según programas necesarios para su optimización funcional.

La organización del Sistema Federal Integrado de Salud que propone el presente proyecto de ley, se lleva a cabo a través de una **Red Sanitaria de Utilización Pública por niveles de atención según las necesidades de sus usuarios y la complejidad de las prestaciones**, conforme una estrategia de racionalización de los recursos, priorización de la atención de la salud y de mecanismos de referencia y contra referencia entre ellos, en base a los datos del mapa sanitario y al sistema de información único que este proyecto de ley contiene.

La **atención primaria de la salud** será la puerta de entrada al Sistema, el primer nivel de acceso de los ciudadanos y ciudadanas a la asistencia sanitaria. El centro de atención primaria (CAP) es el primer lugar al que se debe ir cuando se tiene un problema de salud o se quiere prevenir.

Las áreas básicas de salud y los equipos de atención primaria formarán parte del primer nivel de atención de salud. Se prevé que las áreas básicas de salud sean unidades territoriales elementales a través de las cuales se organicen los servicios de atención primaria. Cada individuo pertenecerá a un área básica de salud concreta que responderá a su lugar de residencia.

Cada área básica de salud tendrá asignado un equipo de atención primaria que prestará la atención al CAP. Este equipo será el conjunto de profesionales sanitarios y no sanitarios que dirige y desarrolla sus actividades de atención al conjunto de la población de un área básica. Estos profesionales ofrecerán una atención integral, que incluye la atención y la prevención de enfermedades, la promoción en los hábitos saludables y la orientación en la asistencia social. Cuando el problema de salud requiera otras atenciones, desde el centro de atención primaria se efectuarán las derivaciones hacia el recurso asistencial que sea pertinente (atención especializada, pruebas diagnósticas, etc.).

Los CAP deberán contar con capacidad de atención ambulatoria basada en una combinación de recursos de complejidad técnica básica. Dicho nivel cumplirá acciones de promoción, protección, prevención, diagnóstico y tratamiento en forma ambulatoria.

Los objetivos previstos de este primer nivel de atención, serán:

1) conformar la primera alternativa de atención para los pacientes ambulatorios y convertirse en el nivel de seguimiento por excelencia de los mismos;
2) concretar acciones permanentes de promoción, prevención, atención ambulatoria, interacción domiciliaria, y toda otra tarea relacionada con el primer nivel, y de acuerdo a la capacidad de resolución que cada efector tenga asignada;
3) posibilitar a todas las personas el acceso a la capacidad de resolución de su patología, de acuerdo a la necesidad de atención de cada individuo, implementando mecanismos dinámicos, eficaces y calificados de articulación entre distintos niveles, y sistematización optima de mecanismos de referencia y contrarreferencia;
4) asegurar la participación comunitaria en las tareas de promoción y protección de la salud y prevención de enfermedades;
5) priorizar la constitución de equipos de trabajo médico de carácter multidisciplinario e intersectorial;
6) desarrollar, coordinar y ejecutar un sistema adecuado de información sanitaria y vigilancia epidemiológica;

7) implementar un sistema efectivo de identificación de la cobertura de las personas que sean atendidas.

El **segundo nivel de atención médica** cumplirá acciones de promoción, protección, prevención, diagnostico y tratamiento en forma ambulatoria de afecciones que requieran médicos especialistas y equipos operados por personal técnico en diferentes disciplinas, y aquellas que requieran interacción a pacientes derivados del primer nivel o de los que se presenten de modo espontáneo con urgencias médico-quirúrgicas. Integrarán también el segundo nivel de atención los centros socio-sanitarios que se conformen según criterios para internación por larga estadía, convalecencia o permanencia en unidades de cuidados paliativos.

El **tercer nivel de atención médica** estará destinado a restaurar la salud y rehabilitar a usuarios referidos por los otros niveles, y comprender todas las acciones y servicios que por su alta complejidad médica y tecnológica son el último nivel de referencia de la red asistencial, garantizando la optima capacidad de resolución de las necesidades de alta complejidad a través de equipos profesionales altamente especializados, debiendo articularse con los otros niveles, a fin de garantizar a las personas la capacidad de resolución adecuada a sus necesidades de atención.

Según la necesidad de atención, los usuarios del sistema se atenderán en un hospital determinado o se los derivará a otro hospital que disponga de la tecnología adecuada o del tipo de atención especializada que haga falta. Asimismo, si la atención apropiada implica menor grado de especialización, la derivación se dirigirá al centro de atención que por sus características de abordaje sea suficiente para brindar adecuada asistencia.

De acuerdo con las tendencias actuales en los modelos hospitalarios, el nuevo Sistema plantea una concepción de hospital bastante diferente de la clásica. En el modelo actual de hospital, el peso de la atención se va desplazando hacia una actividad más ambulatoria a la vez que se plantea un hospital más abierto y flexible, más adaptable a los diversos cambios que se producen en nuestra realidad, como los cambios demográficos, las técnicas médicas emergentes o los cambios de los valores de la población.

Para cumplir con estas tareas, el Sistema debe disponer de una fuerte capacidad de información y evaluación, que permita tomar decisiones sobre bases firmes. Es necesario recuperar la capacidad del Estado de contar con información seria y confiable acerca del sistema sanitario para poder tomar decisiones de política sanitaria. El sistema sanitario ya dispone de sistemas de información que constituyen un aporte importante a la creación de información para la toma de decisiones. Algunos ajustes, sin embargo, son necesarios. Por ello, el nuevo marco normativo prevé la creación del **Sistema Único de Información Sanitaria** con el objeto de ordenar y reorganizar el sistema sanitario nacional a fin de brindar atención a la diversidad de requerimientos y necesidades de las realidades regionales y consolidar una cultura de eficiencia gestora.

La efectividad del Sistema Único de Información Sanitario requerirá la confección y permanente actualización de un **mapa sanitario** como instrumento dinámico de planificación que oriente y facilite la toma de decisiones sobre el desarrollo y la adecuación de los servicios, la interrelación con los otros ámbitos de actuación y el desarrollo de los instrumentos adecuados para hacer efectivas las políticas de salud, las que a partir de la elaboración de los planes permitirán el diseño de los programas concatenando las prioridades de los mismos. Ello implicará definir mecanismos de información y evaluación que actúen como eficaces instrumentos para las decisiones no sólo de las autoridades políticas sino también de los profesionales de la salud, los directores de los establecimientos, etc.

Por otro lado y conforme se señalara más arriba, la organización del Sistema Federal Integrado de Salud se sustentará en criterios de (i) **centralización normativa, de planificación y de control a cargo del Consejo Federal de Salud (CO.FE.SA.)** y de (ii) **descentralización a través de la regionalización** para la ejecución, operativa y funcional, articulando los servicios sanitarios locales integrados por regiones bajo la responsabilidad de gerencias regionales según programas bajo la instrumentación local de los Consejos Regionales de Salud (CO.RE.SA.).

Para que el nuevo modelo de gestión sanitaria realmente sea federal, es fundamental que existan esfuerzos logrados de coordinación horizontal y vertical interjurisdiccional. Conforme ello, se propone al CO.FE.SA. como el organismo que articule y coordine las distintas acciones interjurisdiccionales que se lleven a cabo entre los sectores público y privado del actual sistema de salud. Tal misión implica la atribución de nuevas funciones del CO.FE.SA., su reestructuración y dinámica de funcionamiento. De allí la modificación del decreto ley 22.373/80 que el presente proyecto contiene y la creación de una nueva estructura operativa, ejecutiva, altamente profesional y gerenciadora de funcionamiento permanente.

Por su parte, para dotar de eficiencia al sistema en un marco de descentralización de responsabilidades locales, resulta necesario que la autoridad central esté apoyada en una estructura profesional, altamente capacitada que impulse y gerencie el nuevo sistema de manera permanente. De allí que a nivel central se contará con un secretariado permanente, conducido por dos secretarios ejecutivos (uno profesional en ciencias médicas con especialización en gestión sanitaria, y otro profesional de ciencias económicas con especialización en organización de la salud) y por un cuerpo de profesionales y administrativos necesarios para implementar de manera gradual las acciones del nuevo Sistema y monitorear sus resultados.

A nivel local bajo el marco operativo de los CO.RE.SA., el secretariado permanente del CO.FE.SA. implementará, conforme la gradualidad que el Sistema lo requiera, tantas gerencias regionales como regiones queden establecidas por vía reglamentaria, con responsabilidad sobre la ejecución y monitoreo de los programas que el Sistema implemente en cada región. Cada gerencia estará a cargo de profesionales en ciencias médicas con especialización en gestión sanitaria y experiencia demostrada en la materia.

Por último, en el ámbito del Consejo Federal de Salud (CO.FE.SA.) se propicia crear un Consejo Consultivo del Sistema Federal Integrado de Salud, conformado por representantes gubernamentales, empresariales, de organizaciones sindicales de trabajadores y de organizaciones sociales, con el propósito de constituirse en un espacio de consulta, recomendación de políticas y participación activa de la sociedad civil.

Ello implica que existirá un órgano que planifique y norme, y una multiplicidad de niveles para la programación y acción descentralizada, lo que conlleva, entre otras actividades, la contratación de efectores. Es decir que en este nuevo modelo de gestión sanitaria se separa el órgano de planificación del que ejecuta las acciones.

Para lograr este objetivo, se hace necesario considerar la totalidad del presupuesto asignado a salud como un todo, para poder asumir en forma conjunta, todos los niveles institucionales y todos los actores del sistema, el compromiso de invertir prioritariamente los fondos en los objetivos que conjuntamente se definan como tales, y en general efectuar una asignación de recursos eficaz y eficiente para el cumplimiento de las metas que se estipulen estratégicamente.

Para tal fin, es imprescindible analizar las posibilidades de **financiamiento desde una perspectiva englobadora** es decir, incluir los presupuestos de los actores que se integren al sistema en un único fondo virtual que permita asignar el financiamiento en forma coherente con la definición de prioridades a nivel territorial y de atención que la planificación estratégica determine. Esto implica, en lo que atañe al presupuesto público, coordinarlos desde el CO.FE.SA., acordando el destino del gasto. Es decir, tanto la Nación como el resto de los niveles institucionales que se integren al sistema, deberán analizar y proyectar sus presupuestos de gasto anual y plurianual, en función de la planificación general que se acuerde.

Los servicios públicos y privados de salud que se integren al Sistema Federal Integrado de Salud, sujetarán su accionar y adecuarán su organización y funcionamiento a los principios de la planificación estratégica central. La integración y la adhesión al Sistema Federal Integrado de Salud tendrán carácter funcional, sin generar la modificación de la titularidad de las entidades ni su autonomía administrativa. Atento el carácter voluntario de adhesión e integración que el sistema propone, su implementación será gradual y escalonada, y los fondos se irán integrando progresivamente en la coordinación presupuestaria. Se trata de un cambio a largo plazo que exigirá continuidad de los esfuerzos y la visión en el tiempo para garantizar la consolidación de resultados esperados.

Asimismo en el entendimiento de que existen deficiencias estructurales que corresponde corregir, es necesario que el presupuesto nacional asignado a salud sea incrementado progresivamente en una medida semejante al crecimiento del

PBI, hasta que alcance un piso del diez por ciento (10%) del presupuesto nacional.

En otro orden de cosas, se establece la creación del Fondo Nacional de Alta Complejidad que deberá hacerse cargo de los gastos de atención de las enfermedades de alta especialización (medicamentos oncológicos, HIV, trasplantes, cirugías cardiovasculares, etc.), para todos los beneficiarios de los actores que se integren al sistema. Esta definición permitirá asegurar una atención en centros especializados, con personal altamente capacitado y alta tecnología, al servicio de la población, sin que los altos costos que esta atención conlleva repercutan negativamente en la administración de los distintos subsectores.

Por último, a fin de asegurar la eficiencia del sistema dentro un marco de centralización normativa, se le atribuye competencia al CO.FE.SA para dictar con carácter obligatorio para los servicios de salud público y privado que integren el sistema: 1) Un **nomenclador único** de prestaciones médicas; 2) un **manual de categorización de servicios** de atención médica, que regirá para el sector privado y el público; 3) un **registro de acreditación de efectores de salud** y 4) **protocolos de atención** en consonancia con los avances científico-tecnológicos de resultados probables.

Vuestra Honorabilidad, es claro que una estructura como la que aquí se somete a vuestra consideración implica un cambio sustancial, una verdadera reingeniería del sistema sanitario argentino y a su vez un real fortalecimiento de las instituciones al diseñar las **estrategias para hacer efectivas las políticas de salud que el país hoy requiere**.

Nuevo anteproyecto

SISTEMA FEDERAL INTEGRADO DE SALUD

1

DISPOSICIONES GENERALES

Artículo 1: Créase el Sistema Federal Integrado de Salud con el objeto de planificar, organizar, dirigir, coordinar y auditar la ejecución de las acciones y los medios de los distintos servicios de salud pública y privada del sistema sanitario argentino, que adhieran o se integren al mismo.

Las disposiciones de la presente ley, son de orden público e interés social.

Artículo 2: Los siguientes resultan los principios rectores del Sistema Federal Integrado de Salud:

1. La promoción y protección integral de la salud, adecuada a las diferentes necesidades y realidades territoriales y organizativas del país.
2. El acceso al servicio integral de salud, de forma equitativa, oportuna y adecuada para todos los habitantes residentes en el país.
3. El respeto a la dignidad del paciente, sin que pueda ser discriminado por ninguna razón.
4. La flexibilidad, gratuidad, calidad, y continuidad de las prestaciones.

5. La sustentabilidad en la asignación de recursos para la atención integral de la salud.
6. La organización del sistema sanitario en base a criterios de centralización planificativa y de regionalización y descentralización operativa y funcional.
7. La racionalización, eficacia, eficiencia y simplificación de la organización sanitaria.
8. La coordinación de acciones en las distintas jurisdicciones y el control de la calidad de su ejecución a través de un sistema de información único.
9. La capacitación continua de los recursos humanos en salud incorporando sus perspectivas de formación, apoyo y proyección científica.
10. La educación de la población a través de estrategias de promoción de hábitos saludables y la correcta información sobre los recursos sanitarios existentes.

Artículo 3: El Sistema Federal Integrado de Salud deberá propender a la provisión y el acceso a servicios integrales de salud a todos los habitantes residentes, con el objetivo de:

1. reducir las desigualdades de salud, de modo que las diferencias existentes no se consoliden ni contribuyan a aumentar las desigualdades sociales y económicas ya existentes;
2. propiciar la mejora efectiva en la calidad de vida de todas las personas, supliendo las diferencias y deficiencias que tanto el sector público como el privado tienen aisladamente en un país extenso y con geografía compleja;
3. adaptar los recursos sanitarios a las necesidades reales, específicas y diferenciales de los territorios objeto de actuación y los grupos de población de acción preferente.
4. planificar por áreas de especialización la atención de la salud;

5. proveer los mecanismos que incentiven un alto nivel de utilización de medicina preventiva y educación para la salud.

Artículo 4: El Sistema Federal creado por la presente, entenderá en:

1. la coordinación de todo el dispositivo sanitario público nacional y de las demás jurisdicciones que adhieran y se integren al sistema, con el objeto de alcanzar el más alto nivel posible de salud de la población;
2. el reordenamiento, la planificación, la organización, la programación, la promoción, la educación y la evaluación en materia de salud pública;
3. la planificación, administración y distribución de los recursos sanitarios según necesidades sanitarias de la población, niveles de complejidad definidos y áreas territoriales;
4. la actualización y sistematización armónica y coordinada del sistema sanitario público;
5. la creación de una red sanitaria de utilización pública y de los diferentes niveles con que articule su accionar;
6. el aprovechamiento racional de los recursos humanos, materiales, financieros y de la capacidad sanitaria instalada y a instalarse en concordancia con la planificación estratégica;
7. la implementación de mecanismos de auditoría contable y de prestaciones médicas en todo el territorio nacional;
8. la mejora y cambio progresivo hacia la calidad y modernización de los servicios sanitarios;
9. el estímulo y sostenimiento de la investigación científica en el ámbito de la salud;
10. el establecimiento, gestión y actualización de acuerdos y convenios necesarios para su optimización funcional.

Artículo 5: Los servicios públicos y privados de salud que se integren al Sistema Federal Integrado de Salud sujetarán su accionar y adecuarán su organización y funcionamiento a los principios y disposiciones de la presente ley y de su reglamentación. La integración al Sistema Federal Integrado de Salud tendrá carácter funcional, sin generar la modificación de la titularidad de las entidades ni su autonomía administrativa.

La integración al Sistema Federal Integrado de Salud se implementará mediante la suscripción de un convenio de gestión con el Consejo Federal de la Salud. La reglamentación determinará el contenido de dichos convenios de gestión.

2

ORGANIZACIÓN E IMPLEMENTACIÓN DEL SISTEMA FEDERAL INTEGRADO DE SALUD

Artículo 6: El Sistema Federal Integrado de Salud se organizará bajo: (i) centralización normativa, de planificación y de control a cargo del Consejo Federal de Salud como órgano central y, (ii) descentralización territorial de ejecución, operativa y funcional, articulando los servicios sanitarios locales integrándolos por regiones bajo la responsabilidad de gerencias regionales.

Artículo 7: El Sistema Federal Integrado de Salud se organizará a través de una Red Sanitaria de Utilización Pública por niveles de atención según las necesidades de sus usuarios y la complejidad de las prestaciones, conforme una estrategia de racionalización de los recursos, priorización de la atención de la salud y de mecanismos de referencia y contra referencia entre ellos, en base a los datos del mapa sanitario y al sistema de información único. La reglamentación fijará las pautas de su diseño en base a los principios declarados en la presente ley.

Artículo 8: El primer nivel de atención de la salud estará formado por unidades territoriales elementales a través de las cuales se organizarán los servicios de atención primaria (áreas básicas de salud). Este nivel cumplirá acciones de promoción, protección, prevención, diagnóstico y tratamiento en forma ambulatoria.

Cada área básica de salud tendrá asignado un equipo de atención primaria, formado por un conjunto de profesionales sanitarios y no sanitarios, que prestará atención en los centros de atención primaria (CAP), los que deberán contar con capacidad de atención ambulatoria basada en una combinación de recursos de complejidad técnica básica.

Artículo 9: Son objetivos del primer nivel de atención:

1. conformar la primera alternativa de atención para los pacientes ambulatorios y convertirse en el nivel de seguimiento por excelencia de los mismos;
2. concretar acciones permanentes de promoción, prevención, atención ambulatoria, interacción domiciliaria, y de acuerdo a la capacidad de resolución que cada efector tenga asignada;
3. posibilitar el acceso a la capacidad de resolución de su patología, de acuerdo a la necesidad de atención de cada individuo, implementando mecanismos dinámicos, eficaces y calificados de articulación entre distintos niveles, y sistematización optima de mecanismos de referencia y contrarreferencia;
4. facilitar la participación comunitaria en las tareas de promoción y protección de la salud y prevención de enfermedades;
5. priorizar la constitución de equipos de trabajo médico de carácter multidisciplinario e intersectorial;
6. implementar un sistema efectivo de identificación de la cobertura de las personas que sean atendidas;
7. y toda otra acción que por reglamentación se establezca.

Artículo 10: El segundo nivel de atención médica cumplirá acciones de promoción, protección, prevención, diagnóstico y tratamiento, en forma ambulatoria, de afecciones que requieran médicos especialistas y equipos operados por personal técnico en diferentes disciplinas, y aquellas que requieran interacción a pacientes derivados del primer nivel o de los que se presenten de modo espontáneo con urgencias médico-quirúrgicas.

Artículo 11: El tercer nivel de atención está destinado a restaurar la salud y rehabilitar a usuarios referidos por los otros niveles, por patologías que demanden tecnología diagnóstica y de tratamiento de alta especialización. Comprende todas las acciones y servicios que por su alta complejidad médica y tecnológica son el último nivel de referencia de la red asistencial, a fin de optimizar la capacidad de resolución de las necesidades de alta complejidad a través de equipos profesionales altamente especializados.

Artículo 12: La puerta de entrada al Sistema Federal Integrado de Salud será la atención primaria de la salud. El primer eslabón de la cadena es el CAP. Allí debe dirigirse en primera instancia el usuario del sistema. Cuando el problema de salud requiera otras atenciones, desde el centro de atención primaria se efectuarán las derivaciones hacia el recurso asistencial que sea pertinente.

Artículo 13: La atención especializada de la salud es el segundo nivel de acceso al sistema. Comprende la atención hospitalaria y la atención socio-sanitaria. El acceso a la atención hospitalaria se da por derivación del médico de la especialidad básica y, según la necesidad de atención, se efectuará la derivación dirigida al centro de atención que por sus características de abordaje sea suficiente para brindar adecuada asistencia.

Artículo 14: Se reconocen como modalidades de internación las siguientes:

a) la hospitalización convencional;
b) la internación temporaria (cirugías ambulatorias);
c) la internación de día como la atención médica o de enfermería programada para pacientes que requieran, en un mismo día, la aplicación de determinados tratamientos o la realización de determinadas técnicas diagnósticas, o que necesiten otros servicios de soporte que, en otro caso, requerirían de hospitalización convencional;
d) la internación domiciliaria, como alternativa asistencial del área de salud, capaz de dispensar un conjunto de atenciones y cuidados médicos y de enfermería, tanto en calidad como en cantidad, similares a los hospitalarios, realizada en el propio domicilio del paciente, cuando éstos ya no precisan la infraestructura hospitalaria, pero todavía necesitan vigilancia activa y asistencia compleja. Su control y monitoreo deberá sentarse en cada nivel de atención según el grado de complejidad que se aborde.

El Consejo Federal de Salud regulará las particulares y características de atención de las modalidades del presente artículo y de toda otra que en el futuro decida reconocer en función al progreso en la producción de los servicios médicos.

Artículo 15: Las unidades socio-sanitarias seguirán un modelo de atención integral y multidisciplinario dirigido a personas dependientes, no autosuficientes a nivel funcional y que requieran ayuda, vigilancia o cuidados especiales, dirigido a enfermos que requieran cuidados paliativos o con enfermedades crónicas evolutivas que tienden a la discapacidad.

Artículo 16: El acceso al último nivel de referencia de la red asistencial se efectuará cuando sea necesario un accionar de alta complejidad médica y tecnológica.

Artículo 17: El Consejo Federal de Salud fijará los criterios de acreditación, requisitos, condiciones y procedimientos para la inclusión y exclusión de la infraestructura y recursos tecnológicos que integren la red de servicios de salud en sus diferentes niveles, desde los centros de atención primaria de la salud hasta los de alta o máxima complejidad que integren la red sanitaria de utilización pública sin distinción de titularidad jurídica, atendiendo a sus condiciones actuales, grado de especialización y tipo de prestaciones sanitarias que deben cubrir.

Artículo 18: El Consejo Federal de Salud implementará gradualmente la puesta en marcha del Sistema Federal Integrado de Salud, teniendo como objetivo inmediato la rehabilitación, coordinación e integración en red del sector público interjurisdiccional.

3

FINANCIAMIENTO

Artículo 19: La inversión en salud por parte del Estado es prioritaria. En el seno del Consejo Federal de Salud, deberá acordarse y definirse la planificación estratégica teniendo en consideración para ello la sumatoria de los presupuestos que se asignen a la finalidad salud, tanto en el orden nacional, como en las distintas jurisdicciones que se integren al Sistema. Del mismo modo, se considerarán los financiamientos correspondientes a las entidades públicas no estatales, que se integren al mismo.

Esta forma de considerar el financiamiento global del Sistema no implicará modificar las características institucionales ni las titularidades de los integrantes del mismo.

Artículo 20: Establécese que a partir del año calendario siguiente a la sanción de la presente ley, el presupuesto asignado al sector salud en jurisdicción nacional será incrementado en un orden equivalente al incremento del PBI producido en los primeros ocho (8) meses del ejercicio inmediato anterior, hasta alcanzar un objetivo del diez por ciento (10%) del total del presupuesto.

Una vez alcanzado el objetivo, dicho porcentaje deberá mantenerse en el futuro.

Artículo 21: Créase en el marco del Sistema Federal Integrado de Salud, el Fondo Nacional de Alta Complejidad para atender el tratamiento de patologías de alta especialización, de atención compleja y de alto costo. En un plazo de ciento ochenta (180) días contados a partir de la sanción de la presente, el Poder Ejecutivo Nacional deberá elevar un proyecto de financiamiento especial para su implementación.

Los aportes al Fondo Solidario de Redistribución creado por la Ley del Sistema Nacional del Seguro de Salud, correspondientes a las obras sociales y demás entidades comprendidas en la ley 23.660 que adhieran al Sistema Federal Integrado de Salud, serán redireccionados, a partir de su respectiva adhesión, al Fondo Nacional de Alta Complejidad que se crea por la presente para la cobertura y atención de sus beneficiarios.

Artículo 22: Facúltese al Poder Ejecutivo Nacional, a propuesta del Ministerio de Salud, a adecuar sus programas y subprogramas y redistribuir los créditos presupuestarios con motivo de su incorporación al Sistema Federal Integrado de Salud, con el objeto de dotar al Consejo Federal de Salud del presupuesto necesario para el cumplimiento de su cometido.

4

CONSEJO FEDERAL DE SALUD

Artículo 23: El Consejo Federal de la Salud es la autoridad de aplicación y a quien le compete la ejecución de los cometidos que le atribuye la presente ley al Sistema Federal Integrado de la Salud.

Artículo 24: Incorpórese como artículo 2 bis de la ley 22.373 el siguiente articulado: "Compete al Consejo Federal de la Salud:

a) Representar, dirigir, implementar y ejecutar las acciones del Sistema Federal Integrado de Salud.
b) Elaborar las políticas y normas conforme a las cuales se organizará y funcionará el Sistema Federal Integrado de Salud, y ejercer el control general de su observancia.
c) Asistir y financiar las acciones relativas a las patologías críticas en cada región.
d) Desarrollar y financiar planes y programas de atención a la salud en todo el país, tanto sea en forma directa o coordinada mediante la promoción de convenios especiales al efecto.
e) Desarrollar, coordinar y ejecutar un sistema adecuado de información sanitaria y vigilancia epidemiológica.

f) Habilitar, acreditar y registrar a los prestadores de servicios integrales de salud que integren el Sistema Federal Integrado de Salud y a los prestadores parciales con quienes contrate.
g) Controlar la gestión sanitaria, contable y económico-financiera de las entidades sanitarias que se integren al Sistema.
h) Fiscalizar la articulación entre prestadores en el marco del Sistema Federal Integrado de la Salud.
i) Aprobar los programas de prestaciones integrales de salud que deberán brindar a sus usuarios los prestadores públicos y privados que integren el Sistema Federal Integrado de Salud, y mantenerlos actualizados de conformidad con los avances científicos y la realidad epidemiológica de la población.
j) Instrumentar y mantener actualizado un sistema nacional de información y vigilancia de la salud.
k) Promover, en coordinación con otros organismos competentes, la investigación científica en salud y la adopción de medidas que contribuyan a mejorar la calidad de vida de la población.
l) Promover la constitución de agencias.
m) Suscribir, con las entidades que se integren al Sistema Federal Integrado de Salud, los distintos contratos de gestión.
n) Controlar las relaciones entre los prestadores que se integren al Sistema Federal Integrado de Salud, y entre éstos y terceros.
o) Dictar su reglamentación interna y normas complementarias que contemplen todo lo referente a su funcionamiento para el cumplimiento de los objetivos de la presente ley.

Artículo 25: Compete al presidente del Consejo Federal de Salud:

a) Presidir sus sesiones, sin perjuicio de los mandatos sustitutivos que otorgue en previsión de sus ausencias.
b) Ejecutar las resoluciones del Consejo Federal de Salud.
c) Adoptar las medidas urgentes que entienda necesarias para el cumplimiento de los cometidos del Consejo Federal de Salud, dando cuenta de ellas al mismo en la primera sesión posterior.
d) Representar al Consejo y suscribir todos los actos del mismo.

Artículo 26: Modifíquese el artículo 7 de la ley 22.373, el que quedará redactado conforme el siguiente articulado:

> "El Consejo Federal de Salud contará con una Secretaría Permanente con sede en el Ministerio de Salud de la Nación, a cargo de un secretario ejecutivo primero y un secretario ejecutivo segundo.

El secretario ejecutivo primero estará a cargo del área médica de la Secretaría Permanente, deberá ser profesional en ciencias médicas con especialización en gestión sanitaria y contar con no menos de diez años de experiencia en la materia. El secretario ejecutivo segundo estará a cargo del área organizativa-contable de la Secretaría Permanente, deberá ser profesional en ciencias económicas con especialización en organización de la salud. Sus designaciones se efectuarán previo un estricto proceso de selección que garantice transparencia e idoneidad en la materia y permanecerán en sus cargos por períodos de cuatro (4) años, pudiendo ser reelegidos en forma indefinida. La remuneración será determinada por el Consejo Federal de la Salud.

Cada secretario ejecutivo propondrá al Consejo Federal de Salud la organización del área y de las distintas gerencias que estén a su cargo.

El Consejo Federal de Salud dictará el reglamento de funcionamiento de la Secretaría Permanente y de las distintas gerencias a su cargo, como así también fijará sus remuneraciones.

Artículo 27: El Consejo Federal de Salud contará con tantas gerencias regionales como regiones queden establecidas por vía reglamentaria. La gerencia estará a cargo de un funcionario designado por el Consejo a propuesta de los secretarios ejecutivos y será responsable de la ejecución y monitoreo de los programas en la misma.

Los gerentes regionales deberán ser profesionales en ciencias médicas con especialización en gestión sanitaria y con experiencia demostrada en la materia.

Artículo 28: El proyecto de programación regional estará a cargo de la gerencia correspondiente coordinándolo con los ministros de salud de las jurisdicciones pertenecientes a la región. El Consejo Federal de Salud aprobará la programación regional una vez verificada la correlación del proyecto con la planificación a nivel central.

Artículo 29: El Consejo Federal de Salud deberá poner a disposición del público en general la información de contratación de efectores y ejecución de gastos de administración, con el objeto de lograr la mayor transparencia en el uso de los fondos públicos.

Artículo 30: Créase el Consejo Consultivo del Sistema Federal Integrado de Salud, en calidad de órgano asesor del Consejo Federal de Salud.

Estará integrado por representantes gubernamentales, empresariales, de organizaciones sindicales de trabajadores y de organizaciones sociales en materia de salud.

La reglamentación determinará la forma de integración de los representantes sociales y el funcionamiento del Consejo Consultivo, garantizando mecanismos de selección democrática de los mismos. El desempeño de los integrantes del Consejo Consultivo tendrá carácter de *ad honorem*.

Artículo 31: A los fines de la constitución de un espacio participativo, se faculta al Consejo Consultivo del Sistema Federal Integrado de Salud para:

1) Asesorar al Consejo Federal de Salud en todo lo que éste le requiera respecto al Sistema Federal Integrado de Salud.
2) Proporcionar e impulsar propuestas que tiendan a mejorar y facilitar la articulación territorial del Sistema Federal Integrado de Salud a fin de propiciar una gestión de salud eficaz, eficiente, equitativa, adecuada y oportuna.
3) Participar en las reuniones del Consejo Federal de Salud, con voz pero sin voto.
4) Desarrollar y proponer al Consejo Federal de Salud, acciones de monitoreo y de evaluación de los planes y programas.

Artículo 32: El Consejo Federal de Salud dictará las reglamentaciones para el funcionamiento efectivo del Consejo Consultivo que se crea por el presente.

5

SISTEMA ÚNICO DE INFORMACIÓN SANITARIA

Artículo 33: Créase en el ámbito del Sistema Federal Integrado de Salud, el Sistema Único de Información Sanitaria con el objeto de ordenar y reorganizar el sistema sanitario nacional a fin de brindar atención a la diversidad de requerimientos y necesidades de las realidades regionales y consolidar una cultura de eficiencia gestora. El mismo estará integrado por las áreas de planificación, compra de servicios, red sanitaria de utilización pública, financiamiento y auditoría contable y médica.

La reglamentación determinará los contenidos de la información que daban proporcionar las instituciones, su periodicidad y las sanciones en caso de incumplimiento.

Toda nueva incorporación de tecnología deberá ser aprobada por el Consejo Federal de Salud teniendo en cuenta la información científica disponible, la necesidad de su utilización y la racionalidad de su ubicación y funcionamiento.

Artículo 34: En el Sistema Federal Integrado de Salud se confeccionará un mapa sanitario a partir del cual se concatenarán los programas respectivos, relevando en el Estado Nacional, en las provincias y en la Ciudad Autónoma de Buenos Aires:

1. densidad y caracterización de la población;
2. perfil epidemiológico y enfermedades prevalentes;
3. inventario de recursos humanos, materiales y de infraestructura;
4. parque tecnológico y su capacidad operativa;
5. factores ambientales;
6. accesos geográficos;
7. situación de los profesionales de la salud; y
8. todo otro dato que se estime necesario y pertinente.

Artículo 35: La información disponible del mapa sanitario será utilizada como indicadora de las necesidades de la población y los recursos disponibles para atenderlas, con el fin de establecer las prioridades y precisar el cálculo de los fondos y transferencias necesarias.

6

NOMENCLADOR ÚNICO – CERTIFICACIÓN DE EFECTORES – PROTOCOLOS DE ATENCIÓN

Artículo 36: El Sistema Federal Integrado de Salud contará, para uso obligatorio de los servicios de salud público y privado que integren el mismo, con:

1. un nomenclador único de prestaciones médicas,
2. un manual de categorización de servicios de atención médica por región y categoría de servicios,
3. un registro de acreditación de efectores de salud, y
4. protocolos de atención en consonancia con los avances científico-tecnológicos de resultados comprobables.

El Consejo definirá la progresividad de su implementación obligatoria, para la adecuación efectiva y no traumática del sistema.

7

DISPOSICIONES FINALES

Artículo 37: El Poder Ejecutivo Nacional deberá reglamentar la presente ley dentro de un plazo de ciento ochenta (180) días contados desde su promulgación.

Artículo 38: La presente ley entrará en vigencia desde la fecha de publicación de su decreto reglamentario en el Boletín Oficial de la Nación.

Artículo 39: De forma.

Comuníquese al Poder Ejecutivo Nacional.

Epílogo

Epílogo: Última parte de algunas obras, desligada en cierto modo de las anteriores, y en la cual se representa una acción o se refieren sucesos que son consecuencia de la acción principal o están relacionados con ella.

Real Academia Española

DE AHORA EN MÁS...

La construcción de un Sistema Federal Integrado de Salud (SFIS) es una necesidad perentoria. En este sentido, la aprobación de la ley que lo crea es un paso sustancial. Sin embargo, el camino recién empieza, y queda mucho por hacer y significativos aportes por sumar. No debemos dejarnos llevar por la creencia de estar ante un triunfo definitivo. Esta instancia no debe convertirse en otra norma más que no tiene correlato con la realidad, y que queda entonces, con los años, condenada al papel de letra muerta. A este primer paso, como en la vida humana, deben acompañarlo otros, para poder surcar un camino correcto.

Para garantizar la sustentabilidad de dicho Sistema es prioritario reconocer en el usuario su categoría de ciudadano, con los derechos y obligaciones que ello implica. Esto amerita considerar a las personas no como siervos, ni como beneficiarios, sino como usuarios en ejercicio pleno de sus derechos. Las personas no deben ser presas ni de estructuras caducas y corruptas, ni de políticas que las consideren como mendigos que reciben una limosna.

En segundo lugar, se necesita un acuerdo que no se limite a los partidos políticos, sino a aquellos actores centrales involucrados en el mapa sanitario, ya sea por su responsabilidad profesional o empresarial. Es decir, que sean parte los ejecutantes del Sistema en el nivel de la gestión. Se necesita el compromiso de todos los actores para que este nuevo modelo sea viable.

El primer objetivo de la ley es garantizar que todos seamos ciudadanos de primera. El segundo, es tener el derecho a un acceso equitativo, digno y oportuno a los servicios sanitarios adecuados a la complejidad de cada situación.

La ley, por sí sola, no es una herramienta que, cual talismán, modifique de inmediato una realidad producida por décadas de penurias y olvidos. Pero la norma sí plantea cuáles son los componentes esenciales, niveles operacionales y formas de articulación entre los distintos componentes del universo sanitario. Otro aspecto destacable es la "dinámica en red" que se establece en la ley, con el fin de que la logística se cumpla con eficiencia, para tener una salud con equidad y justicia. Y, especialmente, el punto central es que el Estado nacional no transfiere sus responsabilidades, y se consolida su rol de dar las directrices generales del Sistema.

Esta nueva configuración que se plantea tiene como característica abarcar a todo el territorio argentino, y, por lo tanto, a todos sus habitantes, sin diferenciarlos según segmentos, lo que siempre genera la formación de *ghettos* de excluidos y privilegiados.

Hoy existen sectores que se comportan como si estuvieran en territorios totalmente autónomos, ya sea porque hacen valer su poder económico, o sus intereses de corporación profesional. El reordenamiento del espacio sanitario tiene que ir en paralelo con el éxito de la presente ley. Por eso afirmamos que esta norma pone de relieve una situación invisible durante años: la fragmentación del campo de la salud en Argentina. Este recorrido recién comienza, y se volverá estéril si no se llevan adelante las políticas necesarias para revertir décadas de atraso.

Dentro de estas tareas que deben complementar a la ley, algunos capítulos básicos se basan en lo económico. Hay que reorganizar los elementos existentes, movilizar nuevos recursos, y no derrochar, para no caer en un barril sin fondo de ineficiencia y corrupción.

En una breve enumeración del tipo de inversión social que se necesita, mencionemos:

- La construcción de hospitales o centros de salud, que tengan el presupuesto necesario para un pleno funcionamiento, y que posean los recursos humanos idóneos.
- Acordar compromisos para la fabricación de medicamentos o vacunas, para ciertas patologías prevalentes, como el Chagas.
- Desarrollo de agencias de monitoreo médico, no solamente para patologías de baja incidencia, sino también para aquellas que marcan invalidez temporaria o permanente.
- Potenciar la investigación y destino de recursos a las patologías de las que enfermamos y morimos los argentinos.

Por otra parte, hay que analizar las modalidades de gestión, lo que permite reconocer responsabilidades, tarea no menor al momento de evaluar la eficiencia de un Sistema. Este nuevo modelo devuelve, de manera intransferible, la responsabilidad al Estado, señalando los niveles de delegación de tareas; clarifica el concepto de "autonomía", y resalta el principio de "subsidiariedad".

Clarifiquemos los términos "autonomía" y "subsidiariedad". El primero tiene una connotación positiva si apoyamos que haya cierta flexibilidad en la ejecución de políticas, y que exista la posibilidad de que en instancias menores puedan surgir iniciativas que potencien al conjunto del Sistema. Pero, en un sentido negativo, hablamos de "autonomía" cuando encontramos que ciertos sectores que, a la manera de castas, consideran que deben darse sus propios ordenamientos, y no acatar ninguna autoridad constituida. Esta conducta corporativa implica que esa clase de grupos se emancipa de cualquier responsabilidad directa de su accionar, y que no debe rendir cuentas ante nadie. De esa manera, se considera independiente de cualquier reglamentación, y solamente cree en sus propios códigos y objetivos.

Esta autonomización perjudica notablemente la concreción del principio de subsidiariedad. ¿En qué consiste éste? Sabemos que el Estado debe tender a consolidar el bienestar de la sociedad, en todas sus áreas. Entonces, cuando los particulares, o una instancia intermedia, no cumplen ese objetivo, por el motivo que sea, debe ser el Estado el que lleve adelante la tarea. A esta situación se la llama "principio de subsidiariedad". Es decir, las autoridades nacionales, "subsidiariamente", deben recoger el guante y solucionar el problema.

En cualquier problemática que afecte a un país, sea dentro del campo sanitario, educativo, cultural, científico o económico, debe regir este principio. Pero más necesaria y perentoria resulta su aplicación en cuestiones relacionadas con la salud. Por eso mismo, el SFIS define el aspecto positivo de la autonomía, y refuerza aquel principio de subsidiariedad, para generar una interacción armónica y solidaria entre todas las jurisdicciones.

Recordemos que lo que expresó Derek Yach, director ejecutivo, encargado de formular y gestionar la política general de la Organización Mundial de la Salud (OMS): "La transformación exige nuevos enfoques en la forma de considerar en conjunto: los incentivos, los recursos humanos, la tecnología de la información y las necesidades públicas".

Además, no hay que dejar de enfrentar el necesario enfoque crítico que conlleva analizar gastos excesivos sanitarios en exámenes complementarios, medicamentos, días de internación, prácticas que no responden a la terapéutica, y mala administración de los remedios.

A modo de cierre, podemos agregar que otro aspecto imprescindible a desarrollar, para que esta ley no quede atrapada en el papel, es implementar en forma regular la "formación continua" para todos los componentes profesionales del SFIS, y no únicamente una certificación periódica.

La ley debe ir complementándose en las diversas facetas que aseguren la viabilidad financiera, acorde a la realidad sanitaria del país. Y hay que enfatizar la capacidad de gestión, de modo que los componentes que la integran se involucren y asuman la responsabilidad que les compete. Recordemos que ciertas cuestiones estructurales no pueden ser definidas por esta ley de creación del SFIS. Por caso, el impacto del impuesto al valor agregado (IVA) en el sector sanitario, es decir, la incidencia que tiene ese gravamen en todos los componentes del mundo de la salud en la Argentina. Este replanteo también implica analizar los niveles del IVA para aquellos productos que potencian afecciones, como el tabaco y el alcohol. Por lo tanto, se necesita el compromiso máximo de todos los actores para dinamizar este proceso.

La finalidad de este SFIS es garantizar el acceso equitativo, oportuno y adecuado a la misma "cartera de servicios" a todo habitante y en todo el territorio nacional, poniendo los medios, y sobre todo la inteligencia, para que la planificación estratégica sanitaria pueda desarrollarse en relación a nuestro proyecto nacional, de manera sustentable y respetando como principio básico la dignidad humana. Este paso que damos con la ley que crea una nueva configuración sanitaria, necesita de otros para convertirse en la verdadera fuerza que establezca una salud digna para todos.

"En el mundo científico la regla consiste en
no hacer trampa
Ni con las ideas, ni con los hechos.
Es un compromiso tan lógico como moral.
Simplemente, el que hace trampas yerra el tiro.
No hace más que garantizar su propia derrota."

El juego de lo posible
François Jacob
Premio Nobel Medicina 1965

Se terminó de imprimir en el mes de abril de 2012,
en los talleres de **GAMA Producción Gráfica SRL**,
Estanislao Zeballos 244 (1870), Avellaneda - Pcia. de Buenos Aires.
Tirada 500 ejemplares.